JUICE CLEANSE

마시는 단식 ★ 맛있는 디톡스 ★ 건강한 다이어트

주스 클렌즈

전주리 지음

중앙books

주스를 만든다.

몸이 내게 하는 말을 듣는다.

당신의 텀블러에는
무엇이 들어있나요?

•

Prologue

불과 4~5년 전만 해도 국내에는 과일과 채소를 즙으로 만든 '생주스'를 내건 주스바(Juice Bar)는 없었습니다. 사실 주스 자체가 지금처럼 인기 있는 음료도 아니었죠.
당시 미국에서 로푸드(Raw Food)를 공부하고 있었던 저는 갓 짜낸 주스를 맛볼 수 있는 주스바와 로푸드 레스토랑이 곳곳에 있는 미국이 참 부러웠어요. 그리고 머지않아 한국에도 이런 문화가 들어오지 않을까 하고 생각했었습니다.
그리고 역시나!
과일과 채소가 농축되어 있어서 맛과 향이 아주 좋을 뿐만 아니라 영양 가치가 뛰어난 생주스가 까다로운 우리의 니즈를 충족시켰나 봐요. 요즘 곳곳에 주스바가 생겨나고 있습니다. 상당히 고가임에도 불구하고, 각 주스바가 선보이는 '주스 클렌즈 프로그램'을 이용하는 사람들도 늘어나고 있습니다.
테이크아웃 커피를 마치 패션 소품처럼 들고 다니던 할리우드 스타들. 하지만 요즘 그들의 손에는 커피 대신 주스가 들려 있네요. 우리나라에서도 빅토리아, 이소라 씨 등 아름다운 피부와 몸매를 유지하는 연예인들이 주스를 즐겨 마신다는 것이 알려지면서, 건강과 미용에 관심이 많은 사람들이 주스에 주목하기 시작했습니다.
미국과 유럽에서는 하루에 다섯 가지 색의 과일과 채소를 5접시 이상 섭취하라는 '5 a day 캠페인'이 오래전부터 있어 왔어요. 분량으로 치면 채소와 과일을 하루에 350~400g 정도 섭취하라고 권장하는 셈인데, 사실 샐러드나 생과일로 이 정도 양을 먹기는 상당히 부담스럽지요. 하지만 주스와 스무디로 만들어 먹으면 이 양을 쉽게 채울 수 있기 때문에 서양권에서는 이 두 음료가 오래전부터 널리 사랑받고 있어요.

우리나라에서도 최근 하루에 3번, 6가지 이상 채소·과일을 5색으로 맞춰 먹으면, 1년 365일 온 가족이 각종 질병에서 자유롭다는 '채소과일365, 가족건강365 국민건강 증진 캠페인'을 하고 있어요. 이 캠페인과 건강을 생각하는 요즘 트렌드가 맞물리면서 우리나라에서도 주스와 스무디가 점점 더 사랑을 받고 있는 것 같네요.

집보다는 외부에 있는 시간이 많아 도시락이나 외식이 더 편한 현대사회 생활에 비추어 보면, 주스와 스무디는 많은 양의 과일과 채소를 한두 잔의 컵에 담아 간단하게 가지고 다닐 수 있다는 이점이 있습니다.

바쁜 오전 시간에 한 잔의 주스나 스무디로 간편하고 든든하게 영양을 채우는 건 어떨까요? 질 나쁜 가공식품으로 주전부리를 하기 쉬운 오후 시간에 주스와 스무디를 건강한 간식으로 활용해 보는 것도 좋습니다. 과식하기 쉬운 저녁에 주스와 스무디로 소화기관의 부담을 덜어주면 다음 날 한결 좋은 컨디션으로 일어날 수 있습니다. 이런 식습관을 꾸준히 이어가다 보면 하루하루 점점 더 몸이 가볍고 건강해지는 것을 발견할 수 있을 것입니다.

오늘 당신의 텀블러에는 무엇이 들어있나요?

설마 아직도 커피?

그렇다면 내일부턴 좀 다른 걸 채우도록 제안해드리고 싶네요.

2014년 가을, 전주리

Contents

Prologue 당신의 텀블러에는 무엇이 들어 있나요? 12

Chapter 01.
About Juice & Smoothie
주스와 스무디에 대해

01 세계인들이 주스에 열광하는 이유 23
02 주스 vs. 스무디 26
03 주스를 만드는 도구 28
04 스무디를 만드는 도구 30
05 주스를 위한 재료 32
06 스무디를 위한 재료 36
07 재료 구입할 때 기억하세요 42
08 주스 샷으로 마시기 45
09 맛있는 주스를 만드는 포인트 46

Chapter 02.
Juice Cleanse
주스 클렌즈

01 주스 클렌즈를 아시나요? 50
02 주스 클렌즈가 선물하는 것들 54
03 주스 클렌즈 준비하기 58
04 주스 클렌즈 시작하기 60
05 주스 클렌즈 하루 일과 62
06 주스 클렌즈를 위한 주스 선택하기 64
07 나에게 맞는 주스 클렌즈 프로그램 짜기 66
08 주스 클렌즈 후 보식하기 70
09 주스를 이용한 간헐적 단식 76
10 주스 클렌즈를 위한 일주일 장보기 리스트 78
11 스무디 비기너를 위한 찬장 채우기 리스트 80
12 주스 클렌즈 FAQ 82

일러두기 86

Chapter 03.
Juice Recipes
주스 레시피

01	굿모닝 워터멜론	90
02	베이직 그린 주스	92
03	아임 낫 딸기우유	94
04	스위트 밀싹 주스	96
05	서머 피치 드림	98
06	딸기 요거트맛 주스	100
07	시트러스 노 스트레스	102
08	클렌징 페어 주스	104
09	토마토 구름	106
10	워터풀 포레스트	108
11	그녀	110
12	석류 그라데이션	112
13	베지 진저 서프라이즈	114
14	그린 바캉스	116
15	피치 브라운	118
16	다크 그린 레모네이드	120
17	밀싹 파워 주스	122
18	직접 만드는 V8 주스	124
19	에너지 케일 주스	126
20	데일리 디톡스	128
21	산딸기 배리에이션	130
22	가을에 주스	132
23	자몽 그린 주스	134
24	크랜베리 키스	136
25	바이올렛 복분자 주스	138
26	오렌지 윈터	140

Chapter 04.
Smoothie Recipes
스무디 레시피

01	유 머스트 러브 미	144
02	바나나 딜리셔스	146
03	그린 레모네이드 스무디	148
04	마이 굿 걸	150
05	트로피컬 홀리데이	152
06	코코 라즈베리 스무디	154
07	가을 예감	156
08	달콤 코코	158
09	크림 딸기	160
10	무화과 나무 사이로	162
11	치아시드 바나나 스무디	164
12	브레인 에너지	166
13	제시카 알바 모닝 셰이크	168
14	레이디 코코	170
15	알쏭달쏭 스무디	172
16	치아시드 어게인	174
17	스태미나 스무디	176
18	바질시드 생식 셰이크	178
19	비타파워 스무디	180
20	매일 그대와	182
21	미란다 커 모닝 셰이크	184
22	클린	186
23	스피룰리나 생식 셰이크	188
24	슈퍼 베리 나이스	190
25	블러디 메리	192
26	어른의 시간	194

Chapter 05.
Special Recipes
색다른 주스 & 스무디 레시피

01	퀵 그린 주스	198
02	프레시 치아시드 주스	200
03	시크릿 코코아 주스	202
04	마카 에너지 주스	204
05	밀싹 파우더 주스	206
06	뿌리채소의 힘	208
07	퀵 아몬드 밀크	210
08	그린티 스무디	212
09	몽글 핫 스무디	214
10	노곤노곤 핫 스무디	216
11	솔직담백 핫 초코	218
12	크리미 그린 핫 스무디	220
13	슈퍼 핫 초콜릿	222
14	홈메이드 아사이볼	224
15	톰과 캐롯 수프	226
16	풍미가 좋은 참깨 수프	228
17	시원한 청경채 수프	230
18	코코넛 커리 수프	232
19	망고 실란트로 수프	234
20	영양 듬뿍 베지 수프	236
	작가가 추천하는 주스 & 주스바	238
	인덱스·참고문헌	240
	판권	246

CHAPTER
01.

ABOUT JUICE & SMOOTHIE

주스와 스무디에 대해

지금 세계는 왜 주스와 스무디에 열광하는 것일까요?

세계인들이 주스에
열광하는 이유

●

채소, 과일이 몸에 좋다는 건 누구나 다 알아요.
그런데 있는 그대로 바로 먹으면 되지, 왜 굳이 주스를 만들어 먹으라고 하는 걸까요?

이제껏 당신이
마신 주스는 가짜다

일단 이것부터 짚고 넘어갈게요. 지금부터 이 책에서 이야기할 '주스'는 정확히 말하면 '생주스'입니다. 즉 신선한 과일과 채소를 그대로 짠 '생즙'인 것이지요.
공장에서 패킹되어 시중에 유통되는 '주스'는 색소나 다른 첨가물이 들어있는 경우가 많아요. 유통 과정에서 변질되는 것을 막기 위해 열처리를 하기 때문에 채소와 과일의 효소가 모두 손실이 되기도 하고요. 이제껏 건강 생각해서 탄산음료 대신 사먹었던 주스. 하지만 알고 보면 영양은 거의 없는 설탕물인 경우가 허다합니다. 채소와 과일이 가진 영양을 제대로 섭취하려면 색소나 화학 첨가물이 없고 열처리를 하지 않은 '생주스'를 마시는 게 중요합니다.

굳이 주스를
만들 필요가 있을까?

잘 알려졌다시피 채소와 과일에는 섬유질(섬유소)이 풍부하게 들어있습니다. 섬유질은 장의 연동 운동을 촉진시켜 배변의 양을 늘리는 순기능도 가지고 있지만 영양분의 소화와 흡수를 방해하는 역기능도 가지고 있습니다.

섬유질을 그대로 함유한 생채소를 먹었을 때 영양 흡수율은 17% 정도이고 소화, 흡수되기까지는 2시간 정도 걸립니다. 반면 생주스는 즙으로 만드는 과정에서 섬유질이 제거되기 때문에 영양 흡수율이 65% 이상이고 소화, 흡수 시간은 15-20분 정도입니다. 게다가 채소, 과일을 주스로 만들어 먹으면 그냥 씹어 먹는 것보다 훨씬 많은 양을 섭취할 수 있지요.
즉 채소와 과일을 주스로 만들어 먹으면 손쉽게 섭취량을 늘릴 수 있고, 영양 흡수율은 높아지고, 소화에 대한 부담도 줄어듭니다.

주스, 가장 쉬운 로푸드

채소와 과일의 영양을 가득 담은 생주스에는 비타민 A·C·E, 유황 화합물, 폴리페놀, 카로티노이드 등 항산화 영양소가 풍부해요. 피를 맑게 해주는 엽록소(클로로필)도 가득해 암을 비롯한 각종 질환 예방에 도움이 되지요. 또한 채소와 과일에 포함된 수많은 생약 물질이 인체의 자연 치유력을 회복하는 데 많은 도움을 줍니다.
그리고 또 하나 기억해야 할 것은 바로 효소! 인체 내 모든 장기와 혈액 속에 존재하는 효소는 인체의 모든 생화학 반응에 작용하지요. 신경과 뇌의 움직임 역시 효소의 작용이 있어야 가능합니다. 인체의 세포는 효소가 없으면 만들어지지 않고 효소 없이는 피가 멈추지 않습니다. 우리 몸에 효소가 풍부하면 면역력이 높아지고 노화를 늦출 수 있으며 수명을 연장시킬 수도 있지요.
효소는 모든 자연 식재료에 존재하는데 특히 과일과 채소에 풍부해요. 하지만 열에 매우 약해 46.6℃ 이상의 열을 가하면 모두 파괴됩니다. 그렇기 때문에 효소를 섭취하려면 식재료를 가능하면 '날것'으로 먹는 것이 중요합니다. 날것 상태 그대로를 유지하며 만드는 요리를 '로푸드(Raw Food)'라고 해요. 생주스는 매일 꾸준히, 가장 쉽게 섭취할 수 있는 대표적인 로푸드랍니다.
지금 우리가 주스를 마셔야 하는 이유, 요즘 세계인들이 주스에 열광하는 이유. 이제 충분히 아시겠지요?

CHAPTER 1.ABOUT JUICE & SMOOTHIE

주스 vs. 스무디

●

흔히 채소와 과일로 만든 음료를 모두 '주스'라고 부르지요.
하지만 엄밀히 말해 주스와 스무디는 다르답니다.

주스와
스무디의 차이

정확히 말하면 주스(Juice)는 채소와 과일을 짠 '즙'을 이르는 것이에요. 채소, 과일을 갈아서 만든 걸쭉한 음료는 '스무디(Smoothie)'라고 해야 정확하답니다.

주스를 만드는 과정에서 섬유소는 거의 제거됩니다. 섬유소는 즙을 짜고 남은 건더기 안에 대부분 존재하거든요. 물론 주스에도 완전히 걸러지지 않은 미세 섬유소가 존재하지만 그 양은 원재료에 비하면 아주 미미하답니다. 반면 스무디에는 섬유소가 곱게 갈린 형태로 전량 존재하지요.

소화에 소비되는 에너지가 적어 식사 후 덜 부담스럽고, 섬유소가 적어 과일과 채소의 영양을 더 효율적으로 흡수할 수 있다는 측면에서는 주스가 더 효과적입니다. 반면 섬유소를 통해 장의 노폐물을 제거하거나 포만감을 얻는다는 측면에서는 스무디가 더 효과적이지요. 주스와 스무디 모두 식단에 적절히 포함시키는 것이 좋습니다.

주스는 빈속에,
스무디는 식사 대용으로

주스는 빈속에 마시는 것이 가장 효과적이에요. 다른 음식물이 뒤섞이면 주스의 영양 성분이 소화, 흡수되는 데 방해가 된답니다. 그렇기 때문에 주스를 마시기에 가장 좋은 시간은 아침입니다. 우리 몸은 수면 시간 동안 자연스럽게 '단식'을 거치니까요.

스무디는 식사와 함께, 혹은 식사 대용으로 먹기 좋습니다. 주스는 쉽게 배고픔을 느낄 수 있는 데 반해 스무디는 포만감이 있으면서도 가벼운 식사가 되지요. 스무디를 수프 형태로 살짝 변형해 먹으면 샐러드보다 훨씬 간편하게 먹을 수 있고 그 양도 부담스럽지 않아요.

꼭 식사 대용으로 먹지 않더라도, 식사 전에 스무디를 한 잔 정도 마시면 식사량을 줄일 수 있어요. 오후 중반의 간식 시간에 스무디를 한 잔 마시는 것도 좋지요. 가공식품과는 비교도 되지 않는 건강하고 맛있는 간식이 될 뿐만 아니라, 저녁식사 때 허겁지겁 과식하지 않게 되는 데 도움이 됩니다.

주스를 만드는 도구

●

주스를 만드는 주방기구로는 주서, 원액기, 녹즙기가 있습니다. 원리가 조금씩 다르지만 결국은 다 같은 '착즙기'들이지요.

주서

채소, 과일을 칼날로 갈아서 착즙하는 방식은 일반적으로 '주서(Juicer)'라는 이름으로 판매됩니다. 투입구에 채소, 과일을 넣으면 칼날이 빠른 속도로 회전하며 덩어리를 갈고 즙과 찌꺼기가 망에서 분리되어 즙만 나오는 방식입니다. 다른 착즙기에 비해 크기가 작고 가격이 저렴해서 부담 없이 사용할 수 있습니다. 하지만 소음이 크고 착즙 양이 다른 착즙기(쌍기어)에 비해서는 상대적으로 적은 편이라 식재료가 더 소모되는 것이 단점이에요. 케일, 로메인 같은 잎채소를 착즙할 때는 투입구에 여백이 없이 꽉 채운 후 봉으로 누르면서 착즙하면 착즙 양을 늘릴 수 있습니다.

● 가볍고 가격이 저렴해 부담 없이 쓸 수 있는 필립스 주서, 7만~12만 원대.

● 최근 가장 대중적인 인기를 얻고 있는 휴롬 원액기, 30만~40만 원대.

원액기

하나의 기어가 식물을 짓이긴 후 망을 통해 즙과 찌꺼기를 분리하는 것은 일반적으로 '원액기'라는 이름으로 판매됩니다. 원기어(One Gear) 착즙기라고도 하는데, 맷돌의 원리를 응용한 것이라 할 수 있습니다. 작지도 크지도 않은 크기와 예쁜 디자인으로 최근 많은 인기를 얻고 있어요. 주서는 투입구를 봉으로 강하게 눌러줘야 하지만 원액기는 그럴 필요가 없어서 좀 더 이용하기 편리합니다. 소음이 적고 설거지가 쉬운 것 역시 장점입니다. 착즙 후 찌꺼기는 주서보다는 적고 녹즙기보다는 많은 편입니다.

녹즙기

마지막으로 두 개의 기어가 맞물려서 재료를 자르고 짓이긴 후 즙을 걸러내는 쌍기어(Two Gear) 방식의 착즙기가 있습니다. 소의 되새김질 원리를 응용한 것으로 흔히 '녹즙기'라 불립니다. 식물의 섬유세포 속에 있는 영양 물질을 제일 많이 뽑아내기 때문에 주스의 질이 가장 좋은 것으로 평가받고 있습니다. 즙을 최대한 짜내기 때문에 식재료비가 가장 절약되고, 주스층 분리가 잘 일어나지 않으며, 다른 착즙기 주스보다 1-2일 정도 더 보관할 수 있습니다. 하지만 가격이 상대적으로 비싸고 무거우며 설거지 또한 번거롭다는 단점이 있습니다.

● 주스의 질이 좋고 착즙 양이 가장 많은 엔젤 녹즙기. 120만~180만 원대.

스무디를 만드는 도구

스무디를 만들려면 기본적으로 믹서가 필요해요. 그 외에도 스퀴저와 셰이커를 구비해두면 더욱 다채롭고 맛있는 스무디를 만들 수 있답니다.

셰이커

가루류와 액체류를 혼합하는 데 사용하는 용기로, 기본 스무디에 각종 가루 재료를 섞어 영양을 높이고 다양한 맛을 첨가해 줍니다. 시중에서 쉽게 구입할 수 있으며 용량은 500㎖ 정도가 적당합니다. 전용 셰이커가 없을 때는 뚜껑이 있는 용기로 대체해도 무방합니다.

- 작고 가격이 저렴해 부담 없이 쓸 수 있는 테팔 미니 믹서, 4만~5만 원대.
- 전용 셰이커 대신 사용할 수 있는 플라스틱 보틀, 1,000원대부터.

스퀴저

레몬이나 자몽, 오렌지 등 감귤류를 압착하여 즙으로 만드는 도구입니다. 믹서로 갈아 만든 스무디에 스퀴저로 짠 즙을 소량 첨가하여 다채로운 맛을 만들어냅니다. 스퀴저는 한 손에 잡히는 작은 사이즈를 구입하는 것이 사용하기 편리하고 보관하기도 쉽습니다. 플라스틱 재질보다는 무게감이 있는 스테인리스나 도자기 재질을 구입해야 오래 사용할 수 있고 즙을 짤 때도 힘이 덜 들어갑니다.

- 스무디에 첨가할 감귤류의 즙을 짜내는 스퀴저, 1,000원대부터.

믹서

과일, 채소, 곡물 등을 갈거나 짓이겨 가루 또는 유동식을 만드는 기계로, 시중에 다양한 크기가 나와 있습니다. 취향대로 구입하면 되지만 가능하면 믹서 용기가 작은 것과 큰 것으로 다양하게 구성되어 있는 것을 구입하는 것이 실용적입니다. 모터의 힘이 좋고 날카로운 칼날이 장착된 믹서는 재료를 가는 시간이 짧고 음료의 식감을 더 부드러워지게 한다는 장점이 있습니다.

● 모터의 힘이 좋아 음료의 식감이 한층 부드러워지는 바이타믹스 믹서, 100만 원대.

주스를 위한 재료

●

몸에 좋다고 아무 과일이나 채소를 마구 섞어 즙을 짰다가 '상당히 어려운 맛'에 당황한 경험, 누구나 있을 거예요. 주스에 어울리는 과일과 채소는 따로 있습니다. 다음에 소개하는 재료들을 활용하면 맛과 영양, 모두 잡는 주스를 만들 수 있습니다.

주재료

주스의 베이스가 되는 재료들입니다. 수분이 많고 당도가 비교적 높지 않으며 맛과 향도 강하지 않기 때문에 단독으로 즙을 만들어도 좋고, 다른 재료들과도 두루 어울립니다.

셀러리
시금치
토마토
레몬
오이
자몽
사과
당근
멜론
수박

부재료

영양이 응축되어 있어 약용 효과와 해독 작용을 강화시키는 재료들입니다. 너무 많이 넣으면 주스의 맛을 망칠 수 있습니다. 밸런스를 깨지 않도록 양을 조절합니다.

양배추　　밀싹　　생강　　비트　　새싹채소

케일　　민들레잎　　신선초

단맛을 내는 재료

주스를 맛있게 만들어주는 재료들입니다. 본인의 입맛에 맞추어 이 재료들을 이용해서 주스의 당도를 조절하세요.

감
귤
오렌지
사과
배
포도

스무디를
위한 재료

●

스무디는 주스에 비해 주재료와 부재료가 명확하게 구분되지 않으며
들어가는 종류 또한 좀 더 다양하고 자유롭습니다. 과일과 채소 외에도 견과류,
파우더류, 액체류 등 다채로운 재료로 영양과 맛의 밸런스를 맞춥니다.

스무디용 채소와 과일

스무디에는 섬유질의 부피가 포함되므로 주스에 비해 적은 양의 채소와 과일이 들어
갑니다. 때문에 상대적으로 당도가 높은 재료를 사용해서 맛을 조절합니다.

바나나

아보카도

케일

참외

토마토

레몬

슈퍼푸드

스무디에 슈퍼푸드를 넣어 에너지를 강화시키는 레시피가 최근 세계적으로 인기를 끌고 있습니다. 부피가 작고 보관이 쉬운 파우더 타입을 많이 이용합니다.

치아시드

아사이베리 파우더

고지베리

밀싹 파우더

마카 파우더

생꿀

카카오 파우더

스피룰리나 파우더

세계적으로 각광받는 대표 슈퍼푸드

TIP

치아시드(Chia Seed)
고대 아즈텍족과 마야인들이 영양 공급을 위해 섭취한 식품입니다. 무향, 무미, 무취여서 다양한 식품에 응용할 수 있어요. 그냥 사용해도 되지만 불려서 사용하면 포만감이 크고 식감이 더 좋아집니다.

아사이베리(Acai Berry)
아마존 열대우림에서 자라는 야자수의 열매입니다. 브라질 원주민들은 '생명의 나무 열매' 혹은 '젊음의 샘'이라는 별칭으로 부른다고 하네요. 항산화 효과가 블루베리보다 더 뛰어나다고 해서 요즘 세계적으로 인기입니다.

고지베리(Goji Berry)
우리나라에서는 구기자로 불리는 재료로 베타카로틴, 제아잔틴, 베타인, 항산화 성분이 풍부합니다. 우리나라 구기자보다 단맛이 강해 스무디에 잘 어울립니다.

밀싹(Wheat)
체내 독소를 정화하고 노화를 방지하는 효과가 뛰어나 요즘 국내에서도 인기를 끌고 있는 밀싹은 스무디 재료로도 훌륭합니다.

마카(Maca)
페루에서 나는 마카의 뿌리로 만들어집니다. 에너지, 성욕, 체력을 강화시키는 효과가 있어 '천연 호르몬 조절제'라 불립니다. 약한 단맛을 가지고 있어 스무디와 잘 어울립니다.

생꿀
열처리 되지 않아 각종 영양소와 효소가 풍부한 생꿀 역시 슈퍼푸드입니다. 꿀이 든 용기를 거꾸로 세웠을 때 주르륵 흘러내리는 것은 생꿀이 아닙니다. 생꿀은 좀 더 단단한 고체 형태입니다.

카카오(Cacao)
초콜릿의 재료로 이용되는 카카오는 수천 년 동안 남미권에서 건강과 원기 회복 식품으로 사랑받아 왔습니다. 달고 쌉싸래한 카카오는 스무디를 더욱 매력적으로 만들어줍니다.

스피룰리나(Spirulina)
열대 지방의 호수에서 자생하는 식물입니다. 8가지 아미노산과 각종 비타민, 미네랄과 효소, 엽록소 등이 풍부합니다. 생고기의 단백질 함유량은 27%, 콩은 34%이지만 스피룰리나는 65%가 단백질로 구성되어 있어 단백질 파우더 대용으로 사용할 수 있습니다.

기타 재료

주스는 과일과 채소의 즙이 응축된 것이어서 그 자체로 충분히 깊은 맛이 납니다. 하지만 스무디는 상대적으로 식재료가 적게 들어가므로 당도 높은 재료나 견과류 등을 넣어서 맛에 재미를 줍니다.

스무디에 매력을
더하는 재료들

TIP

카카오닙
카카오 열매의 떡잎입니다. 항산화 효과가 블루베리의 10배 이상이며 레드와인, 녹차보다 더 많은 항산화 성분이 있습니다. 또한 비타민, 미네랄, 섬유소가 풍부하고 즉각적인 에너지를 공급합니다. 쌉싸래한 초콜릿 맛이 스무디에 매력을 더합니다.

코코넛 가루, 견과류
코코넛 가루(코코넛 과육을 잘게 썰어 건조한 것)와 견과류로 고소한 맛을 더합니다.
토핑으로 얹어주면 아삭한 식감도 즐길 수 있어요.

대추야자
이란 등지에서 생산되는 열매로, 우리나라 대추보다 2배 정도 크고 곶감보다 더 단맛을 가지고 있습니다. 스무디에 추가하여 당도와 점도를 높이는 데 사용합니다.

스테비아 추출물
스테비아 식물의 잎에서 추출한 것으로, 자연의 단맛이지만 혈당 수치를 높이지 않고 칼로리도 없습니다. 설탕보다 200배 더 단맛을 내기 때문에 1방울만 넣어도 충분히 진한 단맛을 즐길 수 있습니다. 스테비아는 액체와 파우더 타입이 있으며 파우더가 원재료에 더 가깝습니다.

코코넛 워터
코코넛 안의 반투명한 액체만 따라낸 것을 말합니다. 열대 과일의 이색적인 풍미와 은은한 달콤함을 느낄 수 있습니다. 부드러운 식감과 청량감도 더해줍니다.

코코넛 밀크, 아몬드 밀크
코코넛 밀크는 코코넛 가루와 물을 1:3으로 믹서에 넣고 간 후 거름망으로 건더기를 걸러 액체만 받은 것입니다. 같은 방법으로 아몬드를 물과 함께 갈아 걸러주면 아몬드 밀크가 됩니다. 우유 대신 스무디에 넣습니다. 시판되는 제품도 있지만 직접 만들어 쓰는 것이 더 좋아요.

아몬드 버터, 코코넛 버터
아몬드나 코코넛을 갈아서 버터 같은 질감으로 바꾸어 놓은 것입니다. 고소한 맛과 부드러운 식감을 만들어줍니다.

바닐라빈(혹은 바닐라 파우더), 시나몬 파우더
바닐라, 시나몬 특유의 향기로 스무디에 기분 좋은 맛과 향을 더합니다. 바닐라빈은 껍질을 가른 후 그 속의 씨(바닐라)만 긁어 사용합니다.

재료 구입할 때
기억하세요

•

주스와 스무디를 만들 때는 가능하면 유기농 재료와 제철 재료를 구입하는 것이 좋아요. 너무 뻔한 이야기이기도 하고, 현실적으로 실천하기가 결코 쉽지 않지만 그래도 워낙 중요한 부분이니 만큼 꼭 한 번 짚고 넘어가고 싶어요.

유기농 재료를
구입하세요

유기농 식재료는 농약 등의 독성 화학물질을 포함하고 있지 않아요. 하지만 일반적인 방법으로 키워지는 식재료는 세척 후에도 평균 20~30%의 독성 화학물질이 잔류하게 됩니다. 채소와 과일뿐만 아니라 생선이나 고기 등 어떠한 식재료를 구입하더라도 가능하면 친환경 재료를 선택하는 것이 좋아요.

또 신선한 유기농 식재료는 집약적으로 생산이 되는 다른 식재료들보다 비타민, 미네랄, 효소, 다른 미립 영양소들이 평균적으로 50% 정도 더 많이 포함돼 있습니다. 맛 또한 유기농 재료가 더 맛있답니다. 농약 등을 사용하지 않고 작물을 키워내려면 과일과 채소에 더 많은 시간과 정성을 쏟게 되기 마련인데, 이것은 곧 식재료의 풍성한 즙과 향으로 연결됩니다.

물론 유기농이 좋기는 해도 항상 구입하기는 현실적으로 어렵지요. 주머니 사정을 고려해 적절히 조절하면서 가능한 한 유기농을 구입하는 방향으로 노력을 해보세요.

제철 재료를 구입하세요

연중 다양한 채소와 과일이 나오는 요즘 같은 시절에는 제철 음식의 경계가 모호합니다. 하지만 제철에 생산되는 과일과 채소가 영양이 가장 풍부하고, 그 시기에 우리 인체가 가장 원하는 식재료라는 것은 변함이 없습니다.

가능한 한 제철 과일과 채소로 장바구니를 가득 채우세요. 시절마다 시장에 나오는 재료들이 어떤 것들인지 곰곰이 관찰하며 길을 걷는 것도 참 재미있답니다. 그렇게 눈을 돌리는 것 자체가 건강한 삶으로 가는 과정이랍니다.

제철 채소와 과일

1~5월	딸기, 한라봉
6월	복분자, 살구, 참외
7~8월	토마토, 수박, 복숭아, 참외, 블루베리, 자두, 포도, 무화과
9월	토마토, 복숭아, 참외, 블루베리, 자두, 석류, 배, 귤, 감
10월	사과, 배, 귤, 무화과
11~12월	사과, 배, 귤, 유자, 석류, 한라봉

씨를 제거하세요

유기농이 아닌 일반 식재료를 구입했을 때는 물에 5분 정도 담갔다가 손으로 골고루 만져가며 물에 헹궈 농약 성분을 최대한 제거하세요. 식초에 담그거나 베이킹소다, 소금 등으로 문질러 세척하면 잔류농약이 없어진다는 말이 있는데, 아직 정확한 근거는 입증되지 않았답니다. 흐르는 물에 여러 차례(5회 이상) 헹궈주는 것이 현재로선 가장 확실한 방법! 그리고 농약이나 화학 성분은 식재료 표면에만 묻는 것이 아니라 식재료가 성장할 때 씨방에 주로 모입니다. 그러니 겉만 세척한다고 해결되는 것이 아니지요. 특히 사과 씨는 독성이 있으므로 즙으로 짤 때 반드시 씨를 제거하도록 합니다.

주스
샷으로 마시기

●

주스에도 '샷 추가'가 있다는 걸 아시나요? 주스를 에스프레소처럼 진하게 짜서
소량 마시는 것을 '샷'이라고 합니다. 모든 사람들에게 추천하지는 않지만,
필요한 경우 조금씩 마셔보는 것도 좋습니다.

좀 더 빠른 효과를 원할 때

밀싹이나 비트, 생강, 양배추 등의 약용 효과를 좀 더 빠르게 즉각적으로 느끼고
싶을 때 그 재료를 단독으로 진하게 즙을 내 '샷(Shot)'으로 마십니다. 상당히 독하기
때문에 마신 후 레몬으로 입가심을 해주는 것이 좋고, 과일 주스나 그린 주스에 타
서 마시는 것도 괜찮습니다.

한 번에 다량 섭취는 금물

샷을 마실 때 중요한 것은 절대 과음해서는 안 된다는 것. 빨리 효과를 보려는 욕
심에 한꺼번에 벌컥벌컥 많은 양을 마시는 분들이 있는데, 다른 식재료에 비해 효과
가 강력한 만큼 인체에 무리를 줄 수 있습니다.
특히 양배추, 비트 즙은 위장을 크게 움직여서 구토를 할 수도 있어요. 밀싹의 경우
심한 두통을 일으킬 수 있습니다. 진하고 강한 맛 때문에 그 재료를 다시는 먹고 싶
지 않아질 수도 있고, 몸에 받지 않아 앓아눕는 경우도 있습니다.
주스를 샷으로 마실 때는 반드시 '소주잔 1잔 이하의 양'으로 시작
하세요. 그리고 적응이 되는 정도를 봐가며 서서히 양을 늘리는 것
이 좋습니다.

맛있는 주스를 만드는 포인트

●

채소만으로 즙을 만들면 쓴맛이 너무 강해 먹기가 힘들지요. 과일과 채소를 적절히 이용해 맛의 밸런스를 맞춰줘야 기분 좋게 주스를 즐길 수 있습니다.

즙의 양으로
비율을 맞추세요

과일과 채소는 같은 재료라도 그 크기가 매번 다르기 때문에, 재료의 양이 아닌 '즙'으로 짠 후의 양을 기준으로 비율을 맞추는 것이 더 쉬워요. 기본적으로 채소와 과일의 즙은 1:1로 하세요.
채소즙의 경우 녹색잎(케일, 셀러리 등)과 뿌리채소(당근 등)를 1:1로 구성하세요. 과일즙은 단맛(사과 등)과 신맛(레몬 등)을 4:1 정도 비율로 맞추세요. 이렇게 하면 일반적으로 맛있는 주스가 완성됩니다.

주스를
망치는 원인

아직 그린 주스에 익숙하지 않다면, 과일의 비중을 좀 더 늘려 달콤하게 만들어 주스와 친해지도록 합니다. 그러면서 점점 채소의 비중을 늘려가세요. 과일을 빼고 채소만으로 주스를 만들고 싶을 때는 과일 대신 토마토, 당근, 오이를 넣어 비율을 맞춥니다.
비율을 생각하지 않고 마구잡이로 재료를 넣다 보면 기기묘묘한 맛을 만나게 되지요. 맛을 수정하기 위해 이것저것 단맛이 나는 재료를 마구 넣다 보면 냉장고 안은 텅텅·비고 주스 맛은 더더욱 미궁에 빠져버립니다. 녹색잎을 너무 많이 넣어 쓴맛이 강해졌을 때는 레몬을 추가해주면 중화가 되는 편입니다. 하지만 신선초, 생강 등 매운맛이 강한 채소를 많이 넣었을 경우에는 되살릴 방법이 없으니 주의하세요.

나에게 맞는
맛을 찾으세요

사실 사람마다 입맛이 다르고, 같은 사람이라도 그날그날의 컨디션에 따라 입맛이 달라지기 때문에 '맛있는 주스를 만드는 정확한 기준을 제시하긴 어렵습니다. 앞에서 말한 '1:1 기준'을 염두에 두고 챕터 3~5에서 소개하는 레시피들을 참고하면서, 자신에게 맞는 주스 레시피를 만들어 가세요.

'맛이 없다, 거부감이 든다'는 것은 몸이 그것을 받아들이지 못한다는 뜻이기도 합니다. 건강과 효능만을 생각하며 억지로 마시려 들지 말고, 현재의 내가 가장 자연스럽게 마실 수 있는 주스를 찾는 것이 중요합니다.

CHAPTER
02.

JUICE CLEANSE

주스 클렌즈

비움으로 새로움을 채우는 주스 클렌즈가 시작됩니다.

주스 클렌즈를
아시나요?

●

미란다 커, 비욘세, 귀네스 펠트로, 케이트 허드슨, 셀마 헤이엑.
이들의 공통점은 뭘까요? 세계적인 미녀스타라는 것? 맞습니다.
하지만 또 하나가 있어요. 바로 '주스 클렌즈'를 사랑하는 사람들이라는 것이죠.

마시는 단식,
맛있는 디톡스

'주스 클렌즈(Juice Cleanse)'란 한마디로 주스를 이용한 단식을 말합니다. 일정 기간 동안 일반 식사 대신 주스를 마시며 디톡스 하는 프로그램이라 생각하면 더 쉽겠네요.

일반적으로 단식(斷食, fasting)은 일정 기간 동안 고체 상태의 음식을 자발적으로 금하는 것을 의미합니다. 체내 독소가 배출되어 건강이 개선되고, 체중 감량 등 다이어트 효과가 있는 것은 널리 알려져 있지요. 단식은 개인적인 신앙과 수련의 방법으로, 몸과 정신을 정화하고 마음을 치유하는 수단으로도 활용되기도 합니다.

주스 클렌즈는 이러한 단식과 유사한 결과를 낳습니다. 하지만 실천하기는 한결 쉬워요. 고형 음식을 금해 소화기관을 자유롭게 하는 동시에, 주스를 마시며 인체에 필요한 비타민과 미네랄 그리고 칼로리를 충분히 얻기 때문입니다. 일상생활을 그대로 할 수 있어 따로 시간을 내거나 혼자 고립되어 실행하지 않아도 된답니다.

또한 자신의 취향에 맞는 주스를 다양하게 선택할 수 있기 때문에 다른 디톡스 방법에 비해 그 기간을 이어가는 것이 어렵지 않습니다. 생각보다 공복감이 심하지도 않고요. 그래서 지금 주스 클렌즈가 세계적으로 인기를 끌고 있답니다.

해독의
원리

우리 몸의 간(肝)은 체내에 들어온 독소를 부수어 담즙, 땀, 오줌 등으로 배출합니다. 주스 클렌즈를 할 때는 고형의 음식이나 다른 화학물질이 유입되지 않기 때문에, 간은 이미 인체에 내재해 있던 독소를 더 적극적으로 처리할 수 있어요.

신장 역시 간과 마찬가지로 인체 해독에 중요한 역할을 합니다. 피를 걸러내고, 간에서 분해한 독소를 비롯한 각종 노폐물을 덜 해로운 부산물로 바꾸어줍니다. 주스 클렌즈 기간 동안 신장 역시 매일 신선한 즙과 물을 공급받으면서 그 역할을 더욱 원활하게 수행하게 됩니다. 고형의 음식을 먹지 않으니 그동안 쉴 새 없이 바빴던 소화기관들도 잠시 휴식하며 정화의 과정을 거치게 되지요.

체내 독소 과잉은 두통, 만성피로, 동맥경화, 간 질환, 알레르기 등 다양한 증상을 유발하는데 주스 클렌즈를 마치고 나면 이런 증상들이 사라지거나 줄어들고, 몸에 기분 좋은 변화가 생겼다는 걸 느끼게 됩니다.

인체의
하루 사이클

TIP

우리의 몸은 하루 동안 '배출 - 섭취 - 흡수'라는 일정한 사이클을 유지합니다. 인체의 하루 사이클을 알게 되면 몇 시에 무엇을 섭취해야 좋을지를 알 수 있습니다.

우리 몸은 하루 동안 음식을 섭취하고, 그 음식의 일부를 흡수하고 에너지원으로 사용하며, 우리가 사용하지 않은 것은 체외로 배출합니다. 이 주기는 하루 종일 일어나기도 하지만 특정 시간에 보다 집중적으로 이루어집니다.

04:00~12:00 배출의 시간
매일 새벽 4시부터 정오까지는 스스로 체내 독소 및 노폐물을 외부로 배출합니다. 그래서 기상 후 혀에 설태가 끼고, 눈에는 눈곱이 끼고, 몸에선 냄새가 나고 배변 욕구를 느낍니다.

12:00~20:00 섭취의 시간
정오부터 오후 8시까지는 음식물을 섭취하고 소화하는 시간입니다. 실제로 업무나 다양한 활동을 위해 우리 몸은 많은 에너지원을 공급받고자 합니다. 그래서 점심 시간에 배고픔이 가장 크지요. 식사를 통해 필요한 에너지를 공급합니다.

20:00~04:00 흡수의 시간
오후 8시부터 다음날 새벽 4시까지 우리 몸은 하루 동안 체내에 들어온 에너지원을 흡수하고 저장하는 임무를 수행합니다. 그래서 이 시간대에 섭취한 음식물은 배출되기보다는 체내에 그대로 흡수, 저장됩니다. 인체는 수면을 통해 휴식을 얻고자 하기 때문에 수면 전까지 남아있는 영양원들을 저장하는 데에 기능이 치중됩니다. 이 시간대에 섭취하는 음식물은 대사증후군의 원인이자 체중 증가의 가장 큰 이유가 되고, 수면에 방해가 됩니다.

현대사회의 많은 질병은 대부분 음식의 과잉 섭취가 원인이 됩니다. 또한 칼로리는 넘치나 영양이 부족한 음식물들을 주로 섭취하고 있어서 체중은 증가하나 실제로 몸은 점점 쇠해지고 있습니다. 요즘은 채움보다는 비움이라는 덕목이 더 많은 사람들의 주목을 받고 있습니다. 건강을 위해서는 '배출의 시간'에 인체가 독소를 효과적으로 잘 제거할 수 있도록 '섭취의 시간'에 먹고 '저장의 시간'에 먹지 않는 것을 권장합니다.

주스 클렌즈가
선물하는 것들

●

주스에 들어가는 채소, 과일 가격이 사실 만만치가 않아요.
하지만 주스 클렌즈를 마치고 나면 그 이상의 가치가 있다는 것을 분명
느끼게 될 거예요.

건강한
다이어트

주스 클렌즈를 실시하면 체중이 빠르게 지속적으로 감소합니다. 개인차가 있겠지만 일반적으로 하루 0.45~0.5kg 정도 줄어듭니다. 단 하루만 실행해도 효과가 있고, 적어도 3일 이상, 적극적으로는 7~10일을 실천한다면 확실히 눈에 보이는 결과를 확인할 수 있습니다. 영양이 풍부한 주스를 지속적으로 마시기 때문에 몸에 무리가 없고, 자극적이거나 인공적인 맛에 예민해지기 때문에 식습관이 자연스럽게 개선되어 클렌즈 후 유지하기도 쉽답니다. 칼로리 계산에만 집착하는 배고픈 다이어트나 한 가지 음식만 섭취해 영양 결핍을 유발하는 원푸드 다이어트, 몸에 무리를 주기 쉬운 레몬 디톡스나 상당한 인내심을 요구하는 일반 단식과는 분명히 차별화됩니다.

예뻐지는
효과

주스의 재료가 되는 과일과 채소에는 항산화 성분과 비타민이 풍부하지요. 때문에 노화 과정이 느려지고 피부는 빛이 나고 탄력이 생깁니다. 채소와 과일의 나트륨 배출 효과 때문에 부종도 현저히 줄어들어요. 주스에는 당근이나 시금치가 자주 들어가기 마련인데, 이는 시력 보호와 예방에도 도움을 주지요. 신선한 주스를 많이 마시면 그만큼 예뻐집니다.

에너지 UP! 컨디션 UP!

주스 클렌즈 기간에는 소화기관에 불필요하게 사용되는 에너지가 없기 때문에 몸의 피로가 덜해요. 또한 주스를 통해 비타민과 미네랄을 충분히 공급받기 때문에 컨디션이 더 좋아집니다. 소화기관이 바쁘지 않은 상태이니 영양분의 흡수율도 더욱 높아지지요. 또한 해독을 통해 신진대사가 활발해지기 때문에 몸에 에너지가 더욱 듭니다. 체내 순환이 원활해져 몸에 활력이 생기면 자연적으로 몸이 가벼워지고 행복한 기분이 듭니다. 위와 장이 비어있기 때문에 몸이 무겁지 않아 아침에도 가뿐하게 일어날 수 있어요. 취침 생활도 일찍 자고 일찍 일어나는 패턴으로 안정화됩니다. 몸이 변하면 일상이 변한다는 것, 몸의 상태가 좋아지면 예전보다 일상생활이 더 기쁘고 즐거워진다는 걸 자연스럽게 체험할 수 있답니다.

면역력 증가

건강한 식재료가 가진 영양분과 약용 성분을 자연 상태 그대로 섭취하기 때문에 각종 증상 완화 및 치유, 질병 예방에 도움이 됩니다. 내부 기관들이 건강해지니 면역력도 강해집니다. 만성피로가 사라지고 두통이나 각종 알레르기 증상도 없어집니다. 물론 개인차는 있겠지만 몸이 확실히 건강해진다는 걸 체험할 수 있습니다.

식습관 개선

처음에는 '씹는 활동' 없이 주스만 마시는 것이 조금 답답할 수도 있지만, 적응이 되면 신선한 맛이 주는 즐거움을 만끽할 수 있습니다. 좋은 재료가 주는 좋은 느낌을 경험하고 나면, 클렌즈가 끝난 후에도 자연스럽게 건강한 식습관을 이어가게 된답니다.

그리고 자존감

주스 클렌즈 기간에는 평소와 달라진 생활 속에서 인내하고 노력하는 자신을 만나게 됩니다. 이를 통해 신체의 아름다움과 건강한 체력을 얻게 되면 기쁨과 만족감을 느끼게 되고 스스로를 더 아끼고 사랑하게 됩니다. 아마도 주스 클렌즈가 주는 가장 큰 선물은 바로 이것이 아닐까 싶어요.

주스 클렌즈
준비하기

●

주스 클렌즈에 특별한 준비가 필요한 것은 아니지만 시작하기
전날 하루 정도는 식사에 신경을 써주세요. 며칠 정도 여유를 두고 조금씩
주변 환경을 정리해두면 주스 클렌즈를 무리 없이 이어가는 데 도움이 됩니다.

자극적인 음식 안 먹기

가능하다면 주스 클렌즈를 하기 전날에는 과일과 채소 위주로 식사하세요. 소화에 시간이 걸리는 탄수화물이나 동물성 단백질을 자제해, 몸이 좀 더 자연스럽게 주스에 적응할 수 있도록 해주는 것이 좋습니다. 지방이 많은 음식이나 기름에 튀긴 음식도 피하고 카페인, 알코올, 니코틴, 사탕, 설탕, 콜라 등 자극적인 음식과 가공식품도 가능한 한 먹지 마세요.

매일 주스 마시기

갑자기 주스를 많이 마시는 것이 어색할 수도 있으니, 클렌즈를 시작하기 며칠 전부터 한 끼 식사 대신 혹은 간식으로 주스를 1-2잔씩 마셔보세요. 그러면 인체가 '주스 식사'에 한결 쉽게 적응하고 고형 식사를 하지 않는 스트레스도 덜해집니다.

주방 정리하기

프라이팬, 냄비 등 유혹이 될 만한 것들은 안 보이게 넣어두고 착즙기와 믹서를 가장 편리한 곳에 놓아두세요. 우리는 언제나 주위 환경의 영향을 쉽게 받기 때문에

클렌즈를 준비하기 전 환경을 조성하는 것이 좋습니다. 의지력이 부족하다는 걸 말하고자 함이 아니라, 가능한 한 실수의 가능성을 줄이기 위함입니다.

위험 식자재는 과감하게 퇴출하기

클렌즈 기간에 실수의 유혹이 될 수 있을 만한 과자나 아이스크림 등 위험한 식재료가 있다면 눈에 띄지 않는 곳에 치워두세요. 클렌즈 후 보식까지 안전하게 하고 싶다면, 그리고 더 나은 수준의 식생활을 지향한다면 과감하게 버리는 것을 권합니다. 가족과 함께 생활하고 있어 다 치워버릴 수 없다면 적어도 내 권한 하에 있는 위험한 식재료는 과감하게 정리해주세요.

식단 일기 쓰기

주스 클렌즈를 계획했다면 적어도 3~5일 전부터 하루에 먹은 것들을 기록해 두세요. 가능하다면 주스 클렌즈가 끝난 후에도 계속 기록하는 것이 좋습니다. 하루 이틀 빼먹었다고 포기하지 말고, 그때그때 상황과 여건이 되는 만큼 식단 일기를 써두세요. 클렌즈가 끝난 후 식습관이 다시 흐트러졌을 때 자신을 돌아보고 개선하는 중요한 단서가 됩니다. 식단 일기는 꼭 주스 클렌즈만을 위해서가 아니라, 건강하고 깨끗한 식습관을 위해 모든 사람들에게 권장할 만합니다.

주스 클렌즈
시작하기

●

주스 클렌즈는 일정 기간 동안 식사와 간식을 주스로 대신하는 것입니다.
그 외에도 신진대사를 원활하게 해주는 데 도움이 되는 활동들을
해주면 효과가 더욱 배가됩니다.

하루 섭취량

하루 동안 1,700~2,250㎖의 주스를 섭취하는 것이 적당합니다. 개인마다 차이가 있으므로 이 범위 내에서 자신이 가능한 만큼 마십니다.

섭취 방법

주스 식사 시간을 정해 한 번에 일정량(200~500㎖)을 마십니다. 한 번에 마실 수 있는 양은 사람마다 다르므로 원하는 만큼 마시면 됩니다. 1회 권장량은 200㎖이며 한 번에 500㎖ 이상을 마시는 것은 좋지 않습니다. 아무리 주스라도 단시간에 과식하면 위에 무리를 주게 됩니다.
시간과 관계없이 허기가 질 때마다 주스를 마셔도 상관없습니다. 보통은 2~3시간에 한 번씩 주스를 마시는 것이 일반적입니다. 그때그때 자신의 상황에 맞게 주스 양과 횟수를 조절하면 됩니다. 몸의 소리에 귀를 기울이고 본인에게 가장 편안한 방법을 택하세요.

실시 기간

주스 클렌즈는 짧게는 1일, 보통은 3~7일, 길게는 10~14일 정도 실시합니다. 기간이 14일 이상으로 길어지는 것은 권하지 않아요. 과한 욕심으로 한 번에 장기간 클렌즈

에 도전하는 것은 심신에 과도한 스트레스를 주게 됩니다.

며칠 과식을 했거나 클렌즈를 가볍게 체험해 보고 싶다면 1~2일을, 정상 체중인데 조금 더 날씬한 몸을 원한다면 3일을, 좀 더 적극적인 디톡스와 다이어트를 원한다면 7~10일을 권합니다.

비만이라면 14일 클렌즈를 실시하고, 보름 동안 보식(유동식)으로 감량한 체중을 유지한 후 다시 10~14일 클렌즈를 하는 식으로 체중 감량과 유지를 반복하세요. 그리고 원하는 체중에 도달했을 때, 달라진 몸이 요구하는 만큼의 양으로 일반 식사를 하도록 합니다.

가벼운
신체 활동

바디 브러싱(바디 전용 브러시로 몸을 빗어주는 것), 스트레칭, 산책 등 가벼운 신체 활동을 병행해 신진대사를 원활하게 하면 클렌즈의 효과가 더욱 높아집니다. 공원이나 산책로 등 자연에서 여유롭게 걷는 것은 신체뿐만 아니라 정신 건강에도 좋으므로 특히 권장합니다. 주스 클렌즈는 몸을 해독하고 내부 소화기관에 휴식을 주는 데 의미가 있는 프로그램이니, 이 시기에는 격렬한 운동을 하지 않는 것이 좋습니다.

조금 더
적극적인 방법, 관장

주스 클렌즈 기간에는 찌꺼기 식사가 없기 때문에 배변이 일어나지 않습니다. 배변 관련해서 불편함이 느껴진다면 레몬즙 관장을 추천합니다. 500㎖ 이상의 미지근한 물에 레몬 2개의 즙을 넣은 후 관장기로 대장에 주입하여 장을 세척하는 방법입니다. 한의원 등에서 기계의 수압으로 물을 주입하는 인위적인 장세척은 권장하지 않습니다.

관장은 배변의 불편함이 느껴지는 분들에게만 추천하는 것으로 필수 사항은 아닙니다. 추후 보식 때 식사를 하면 배변은 다시 자연스럽게 일어납니다.

주스 클렌즈
하루 일과

●

"이 또한 지나가리라"는 말을 아시나요? 처음엔 내가 감히 '단식'을 어떻게 할까, 앞이 막막하겠지만 주스를 마시면서 업무를 보고 일상생활을 하다 보면 어느새 시간은 지나고 주어진 기간을 완성한 자신을 발견하게 될 거예요.

Step 1. 기상 후 바디 브러싱 & 스트레칭
아침에 일어나면 바디 브러시로 몸을 꼼꼼하게 빗고 가볍게 스트레칭을 하세요. 우리가 잠을 잘 때 체내 해독 작용이 활발하게 진행되는데, 오전에 일어나 몸을 브러시로 빗으면 피부로 배출된 노폐물 제거에 도움이 됩니다. 또한 깊은 호흡과 함께 스트레칭을 하면 폐 등 체내 노폐물이 배출되고 신진대사가 촉진돼 한결 상쾌한 아침을 맞이할 수 있습니다. 가벼운 움직임으로 잠들어 있는 몸을 부드럽게 깨워주세요.

Step 2. 생수 한 잔
깨끗한 생수를 한 잔 마셔 몸속 노폐물을 씻어줍니다. 뜨거운 물에 레몬 반 개의 즙을 짜 넣은 레몬차도 좋아요. 따뜻한 허브차도 권할 만합니다.

Step 3. 아침 주스
과일 주스를 한 잔 마십니다. 수박, 멜론과 같이 수분이 많은 과일의 즙을 추천합니다. 당도가 너무 높은 주스는 혈당을 급하게 높일 수 있으니 물에 희석해서 드세요.

Step 4. 오전 일과 중 틈틈이 주스
오전 시간은 뇌가 깨어있고 집중력이 좋으므로 업무를 보기 좋지요. 중요한 일과를 처리하면서 원할 때마다 주스를 마십니다. 과일 주스 혹은 과일을 포함한 그린 주스를 마시면 뇌 활동을 위한 포도당을 제공할 수 있습니다.

Step 5. 점심 식사와 간식 대신 주스

점심 식사 대신, 그리고 배고픔이 느껴질 때 틈틈이 간식으로 주스를 마십니다.

Step 6. 오후의 짧은 휴식

오후 3~5시 사이 잠시 여유를 갖고 휴식을 취하는 시간을 마련합니다. 시간은 언제든 상관없습니다. 최소 10분 이상 휴식을 취해줍니다. 가능하다면 편안하게 누워도 좋고 잠시 눈을 감고 있는 것도 좋습니다. 이 시간대에 짧게나마 휴식을 취해주면, 취침 전까지 더 나은 수준의 컨디션을 유지할 수 있습니다. 보통 이 시간대에 음식 생각이 간절해지기 쉬운데, 이때 휴식을 취하면 음식에 대한 갈망이 사라진답니다. 사실 인체가 필요로 했던 건 음식이 아니라 휴식이었던 것이지요.

Step 7. 저녁 주스

저녁 식사로 그린 주스를 한 잔 마십니다.

Step 8. 일과 마무리

따뜻한 물로 샤워 또는 목욕을 하고 바디 브러싱, 가벼운 스트레칭으로 몸을 풀어줍니다. 식단 일기를 쓰고 하루를 마무리 합니다.

주스 클렌즈를 위한
주스 선택하기

●

신선한 채소와 과일로 만든 생주스라면 어떤 것이든 클렌즈에 활용할 수 있으니
주스 식단을 짜는 데 너무 고민할 필요는 없어요. 다만, 각 상황에 좀 더 잘 맞는 주스를
선택하면 효과가 배가되고 클렌즈를 좀 더 즐겁게 이어나갈 수 있답니다.

기본 주스는 과일즙과 녹즙 1:1

과일즙은 인체를 정화하고 녹즙은 인체를 재구성하기 때문에 과일즙과 녹즙이 1:1로 배합된 주스를 기본으로 마시는 것이 좋습니다.

오전에는 과일 주스

수면을 포함해서 약 12시간 가까이 공복이었던 인체에 충분한 에너지를 공급하기 위해서, 그리고 두뇌 활동에 필요한 포도당을 공급하기 위해서, 오전에는 과일 주스 혹은 과일즙을 포함한 그린 주스를 추천합니다.

오후에는 포만감이 있는 주스

활동량이 많은 정오부터 저녁 사이는 배고픔을 많이 느끼는 시간이므로 녹색잎 채소와 당근 등 뿌리채소를 섞은 주스로 포만감을 얻는 것이 좋습니다.

저녁에는 그린 주스

저녁은 취침을 준비하는 시간이므로 가능하면 과일 주스는 지양하는 것이 좋아요. 엽록소가 풍부한 그린 주스를 추천합니다. 하지만 늦은 저녁에 허기가 심하게 느껴진다면 과일 주스를 한 잔 정도 마시는 것은 도움이 됩니다.

주스 외에 마실 수 있는 것

채소수나 허브차, 레몬차 혹은 생강즙을 뜨거운 물에 타서 마시는 것도 좋습니다.

채소수 만들기

TIP 재료 : 무 1/8개, 당근 1/2개, 우엉 1/4개, 무청 1줌, 표고버섯 1개, 미역 조금, 물 1.5ℓ
모든 재료를 냄비에 넣고 중불에서 20분간 끓인 후 건더기는 걸러내고 우려낸 물만 마십니다. 기호에 따라 생강이나 허브를 추가할 수 있습니다.

나에게 맞는
주스 클렌즈 프로그램 짜기

●

주스 클렌즈는 며칠을 하든 그 형태가 크게 다르지 않아요.
마시고 싶은 주스를 선택해 원하는 기간만큼 '주스 클렌즈 하루 일과'를 반복하면 됩니다.
하지만 좀 더 이해를 돕기 위해 프로그램 예시를 보여드릴게요.

 비기너를 위한
1Day Program

주스 클렌즈를 처음 경험하는 사람들을 위한 프로그램입니다. 가장 쉽게 구할 수 있는 재료를 골라 3~5가지 주스를 만든 후 가지고 다니면서 원할 때마다 마십니다. 주스에 적응하기 쉽도록 누구나 무난하게 즐길 수 있는 주스를 선택하는 것이 중요합니다. 적당한 단맛이 있는 그린 주스, 달콤한 맛이 강한 과일 주스, 배고픔에 대한 공포를 극복할 수 있는 포만감 있는 주스가 좋습니다. 12~18시 사이는 섭취 시간대로 배고프지 않게 주스 양을 넉넉히 준비해 충분히 마셔줍니다.

7:00	생수 1잔
8:00	굿모닝 워터멜론 200㎖ → p.90
9:00~12:00	베이직 그린 주스 500㎖ → p.92
	* 1~3시간 간격으로 시간을 정해 나누어 마셔요.
12:00~18:00	베이직 그린 주스 500~1000㎖ → p.92
	* 1~3시간 간격으로 시간을 정해 나누어 마셔요.
18:00~21:00	토마토 구름 500㎖ → p.106
	* 허기가 지면 양을 좀 더 늘려줍니다.

<u>Advice</u> 하루 시도해 성공하면 다음에는 주말을 이용해 2~3일 클렌즈에 도전해보세요. 우리가 섭취한 음식은 인체에 3일 정도 머물러 있기 때문에 3일 클렌즈를 하면 피부의 부기나 몸의 라인이 달라지는 걸 확연하게 체험할 수 있어요. 1~2일 클렌즈를 하면 자신은 몸에 변화가 오는 걸 느끼지만 외관상으로는 그리 차이가 없습니다. 여러 차례 반복해본 후 확실히 좋다고 느껴지면 더 긴 기간 동안 클렌즈를 해보세요. 처음부터 장기 클렌즈에 도전하는 건 추천하지 않습니다. 최대 3일까지 실시한 후 서서히 늘려보세요.

B 귀차니스트를 위한
1Day Program

번거로우면 포기하게 되니까 주스는 2종류 정도만 선택해 넉넉히 준비합니다. 한 가지 주스만 하루 종일 마시면 오히려 주스에 질리기 쉽기 때문에 최소 2종류는 준비하는 것이 좋아요.

7:00	생수 1잔
8:00	베이직 그린 주스 200㎖ → p.92
9:00~12:00	베이직 그린 주스 500㎖ → p.92
	* 양과 시간을 정하지 말고 허기가 느껴질 때마다 자유롭게 마셔요.
12:00~18:00	베이직 그린 주스 500~1000㎖ 이상 → p.92
	* 양과 시간을 정하지 말고 허기가 느껴질 때마다 자유롭게 마셔요.
18:00~21:00	베지 진저 서프라이즈 500㎖ → p.114
	* 허기가 지면 양을 좀 더 늘려줍니다.

<u>Advice</u> 주스를 만들기 귀찮다면 시판되는 생녹즙을 마셔도 괜찮아요. 일단 시작해서 효과를 느끼면 귀차니즘은 잊고 자연스럽게 즐기면서 임하게 됩니다. 시작하는 것에 의의를 두세요.

경험자를 위한
1Day Program

* 에너지 강화형 1Day

7:00	레몬차 1잔
8:00	굿모닝 워터멜론 200㎖ → p.90
9:00~12:00	시트러스 노 스트레스 500㎖ → p.102
	* 양과 시간을 정하지 말고 허기가 느껴질 때마다 자유롭게 마셔요.
12:00~18:00	에너지 케일 주스 500~1000㎖ 이상 → p.126
	* 양과 시간을 정하지 말고 허기가 느껴질 때마다 자유롭게 마셔요.
18:00~21:00	밀싹 파워 주스 500㎖ → p.122

* 디톡스 강화형 1Day

7:00	채소수 1잔 → p.65
8:00	클렌징 페어 주스 200㎖ → p.104
9:00~12:00	다크 그린 레모네이드 500㎖ → p.120
	* 양과 시간을 정하지 말고 허기가 느껴질 때마다 자유롭게 마셔요.
12:00~18:00	워터풀 포레스트 500~1000㎖ 이상 → p.108
	* 양과 시간을 정하지 말고 허기가 느껴질 때마다 자유롭게 마셔요.
18:00~21:00	데일리 디톡스 500㎖ → p.128

<u>Advice</u> 클렌즈 3~4일 차부터는 체중이 빠지는 것이 확실히 눈에 보입니다. 사실 클렌즈는 1~3일째가 4~7일째보다 더 괴로울 수 있습니다. 뭔가 씹고 싶고 위가 허전하게 느껴지는 등 스트레스가 느껴질 수 있어요. 보통 1~2일, 길게는 3일 차에 이런 기분이 드는데 이 시기만 잘 넘기면 4일 차부터는 주스 식사가 편안하게 느껴집니다. 3일을 넘겼다면 4, 5, 6일도 어렵지 않게 지날 수 있습니다. 7일 이상 기간이 이어지면 짧은 기간의 단식과 비교해 눈에 띄게 다른 정신적인 안정감, 신체적인 변화를 느낄 수 있어요.

주스 클렌즈 후
보식하기

●

클렌즈를 마쳤다고 모든 것이 끝난 것은 아니에요.
유종의 미를 거두기 위해서는 보식까지 제대로 마쳐야 합니다.
보식까지 성실하게 완수해야 어렵게 진행한 클렌즈의 효과가 빛을 발한답니다.

보식이란

주스 클렌즈가 끝나고 일반 식사로 넘어갈 때, 액체만 섭취하던 인체가 고형 식사에 적응할 수 있도록 일정 기간 부드러운 음식을 먹는 것을 보식(補食)이라고 합니다. 주스 클렌즈가 끝나자마자 바로 고기, 자극적인 음식 등 소화에 많은 시간과 에너지가 요구되는 식사를 하면, 쉬고 있던 소화기관에 무리를 줄 수 있어요.
인체가 서서히 일반 식사에 적응할 수 있는 기간을 가진 후에 원하는 식사를 하도록 합니다. 보식을 제대로 하지 않으면 몸이 붓고 원래의 체중이 빠르게 돌아오거나 체중이 더 증가하게 됩니다. 이 과정을 통해 정신적으로 신체적으로 심한 스트레스를 받게 되지요.

보식 기간

클렌즈를 한 기간만큼 보식 기간을 잡으면 됩니다. 1일 클렌즈를 했다면 1일 보식을, 3일 클렌즈를 했다면 3일 보식을 하면 됩니다. 5~7일 클렌즈를 했다면 보식 기간도 그 정도로 잡으면 되겠지요.

보식 식단

클렌즈 기간 동안 휴식하고 인체 정화에 집중했던 소화기관을 편하게 해줄 수 있는 식단으로 구성합니다. 소화가 쉬운 스무디와 과일, 채소 샐러드, 미음이나 죽 등의 유동식을 먹고 가장 마지막에는 '거꾸로 식사'를 합니다. 일정 기간 내에서 ① 스무디 → ② 과일 → ③ 샐러드 → ④ 유동식 → ⑤ 거꾸로 식사를 적절히 진행하세요. 섭취량은 먹고 나서 조금 허전한 느낌이 드는 정도가 적당합니다. 하루 종일 물을 틈틈이 마셔주세요.

① 스무디
보식 기간에 먹는 스무디는 생과일과 생채소로만 구성하고 가능하면 가루류나 오일, 견과류는 넣지 마세요. 수분이 제거된 가루류와 기름진 오일, 견과류는 소화에 시간과 에너지가 더 소요되거든요.

② 과일
과일은 깨끗하게 씻어 드시면 됩니다. 특별한 주의사항은 없습니다.

③ 샐러드
샐러드는 별도의 드레싱 없이 먹거나, 드레싱이 필요하다면 과일과 채소를 갈아서 만듭니다. 아무리 좋은 음식도 과식하는 건 좋지 않으므로 1접시 이상은 먹지 않는 것이 좋아요. 채소는 케일과 같은 진한 녹색잎 채소가 포만감이 높습니다. 다양한 종류의 쌈채소와 생당근을 잘게 썰어 소화가 잘 되도록 꼼꼼하게 씹어 드세요.

④ 유동식
미음이나 죽 등의 유동식은 소금으로 간을 하지 않습니다. 한 번에 180㎖ 정도 먹는 것이 적당해요. 정제된 백미는 피하고 현미로 미음과 죽을 만드세요. 보식 기간에 익힌 음식 섭취량이 늘지 않도록 주의해야 합니다.

⑤ 거꾸로 식사
일반 식사로 넘어갈 때는 '거꾸로 식사'를 하세요. 우리가 흔히 하는 일반적인 식사 순서와는 반대로 '과일→채소→단백질 또는/그리고 탄수화물' 순으로 먹는 식사를 말합니다.
생과일과 생채소로 먼저 배를 채운 후 허전한 부분은 단백질과 탄수화물로 일부 채우는 것으로 채소+과일 : 탄수화물+단백질의 비율이 8:2 정도가 되도록 식사합니다. 이러한 방법으로 식사를 하면 소화에 시간이 걸리는 무거운 음식을 과식하지 않을 수 있습니다.
거꾸로 식사를 할 때도 과식하지 않는 것이 중요합니다. 가정에서 식사할 때는 접시 1개에 과일 1/3개, 잎채소 1줌, 오이·셀러리·당근 썬 것 조금, 아몬드(식물성 지방) 3~4알, 고기(동물성 단백질) 2~3점, 통곡물 3수저를 놓고 순서대로 먹는 것이 좋습니다. 외식할 경우 이 정도 양을 기준으로 상황에 따라 조절하세요.

보식 | 1일 예시

	보식 1일
아침	스무디 200㎖
간식	주스 200㎖
점심	과일 1개
간식	그린 주스 200㎖
저녁	샐러드 1접시

보식 | 3일 예시

	보식 1일	보식 2일	보식 3일
아침	주스 200㎖	스무디 200㎖	스무디 200㎖
간식	주스 200㎖	주스 200㎖	주스 200㎖
점심	스무디 200㎖	과일 1개	과일 1개 및 샐러드 1접시
간식	그린 주스 200㎖	주스 200㎖	주스 200㎖
저녁	샐러드 1접시	샐러드 1접시	샐러드 1접시 및 미음 180㎖

보식 | 5일 예시

	보식 1일	보식 2일	보식 3일	보식 4일	보식 5일
아침	주스 200㎖	주스 200㎖	주스 200㎖ 및 과일 1개	과일 1개 및 스무디 200㎖	과일 1개 및 미음 180㎖
간식	주스 200㎖	주스 200㎖	주스 200㎖	주스 200㎖	주스 200㎖
점심	스무디 200㎖	과일 1개 및 스무디 200㎖	스무디 200㎖ 및 샐러드 1접시	샐러드 1접시 및 미음 180㎖	샐러드 1접시 및 미음 180㎖
간식	그린 주스 200㎖	주스 200㎖	주스 200㎖	스무디 200㎖	스무디 200㎖
저녁	그린 주스 200㎖	스무디 200㎖	스무디 200㎖ 및 샐러드 1접시	샐러드 1접시 및 미음 180㎖	거꾸로 식사 1접시

보식은
클렌즈의 완성

엄밀하게 말하면, 주스 클렌즈는 보식 기간까지 포함하는 것입니다. 보식을 할 수 없다면 주스 클렌즈는 시작하지 않는 것이 좋아요. 클렌즈를 마치고 몸과 마음이 배고픔으로 아우성을 친다고 해서, 또는 약속 등 주위 환경의 유혹으로 보식을 엉망으로 만들지 않기를 바랍니다.

클렌즈를 마치고 참석한 회식, 삼겹살 딱 한 점만 집어먹겠다고 마음먹었는데 결국 그 양을 지키지 못한 것은 물론 소주까지 양껏 마셔버리는 식으로 보식을 해버렸다는 케이스도 있습니다. 고기에, 흰쌀밥에, 과자까지… 위장의 수용 범위를 모두 채우는 식사로 보식 기간을 보내는 사례를 종종 들을 수 있습니다.

이런 식으로 클렌즈를 마쳐서는 안 돼요. 절대 있을 수 없는 일은 아니지만, '한 번만'이라는 핑계로 잘못 시작된 보식은 결코 한 번으로 끝나지 않거든요. 이것이 습관으로 정착되면 클렌즈 이전보다 더 못한 결과를 맞게 됩니다.

일반 식사를 할 땐
반만 드세요

클렌즈를 마친 후 1~2일간은 정말 조심해야 합니다. 입맛이나 저작 행위를 통해 만족감을 느끼려고 하지 말고, 일단 허기가 지지 않는 수준 정도로만 위를 채운다는 생각을 하고 실천한다면, 3일째부터는 성공적으로 보식을 이어갈 수 있어요.

사정상 일반식을 포함한 식사를 한다면 꼭 반식(평소 식사량의 1/2만 먹는 것)을 하도록 하세요. 반드시 보식까지 잘 이행해서 클렌즈가 가져다주는 좋은 결과를 유지하시길 바랍니다. 보식 기간은 사사로운 유혹으로부터 스스로를 지키는 방법을 배울 수 있는 시간이기도 하답니다.

주스를 이용한
간헐적 단식

●

1일 1식이나 간헐적 단식은 확실히 효과가 있습니다.
클렌즈를 마친 후에는 주스를 평소 식사에 틈틈이 포함시켜
간헐적 단식을 해보세요.

1일 1즙
혹은 1일 2즙

간헐적 단식처럼 하루에 1-2끼 정도만 식사를 하는 식습관을 꾸준히 유지한다면, 장기적으로는 단식에서 얻는 이로운 효과를 얻을 수 있습니다.
그런데 무작정 끼니를 거르면 인체는 뇌와 신체 활동에 필요한 에너지원을 공급받지 못해 일상생활에 방해가 될 수 있어요. 스트레스로 인해 오히려 더 과한 폭식이 이어지기도 하지요. 이럴 때 주스를 적절히 활용해 간헐적 단식을 하면 훨씬 쉽게 실천할 수 있답니다.
그동안 꼬박꼬박 세 끼 식사를 했다면 아침은 주스로 바꾸고 점심, 저녁은 일반 식사를 해보세요. 그러다가 익숙해지면 활동량이 많은 점심에만 일반 식사를 하고 아침, 저녁엔 주스를 마셔보는 것도 좋습니다. 혹은 시간이 여유로운 저녁에만 일반 식사를 하고, 그 이외의 낮 동안은 주스를 마시는 방식으로 식단을 변형해 볼 수도 있습니다.

주스를 이용한 1일 2식의 예

	1일 1즙
아침	주스 1-2잔
점심 저녁	일반 식사

주스를 이용한 1일 1식의 예

	1일 2즙
아침	금식 혹은 주스 1잔
점심	주스 3~4잔
저녁	일반 식사

유동적으로
실천하세요

주스를 이용해 1일 1식을 하다가 정신적으로, 신체적으로 스트레스가 느껴지면 1일 2식으로 늘리고, 다시 괜찮아지면 1일 1식으로 돌아오는 식으로 유동적으로 간헐적 단식을 실천해 보세요. 개인차가 큰 부분이기 때문에 자신의 패턴에 맞게 자유롭게 실시하면 됩니다.

단, 스트레스가 과도하거나 간헐적 단식 이후 폭식을 하게 된다면 식이장애를 유발할 수 있으므로 권장하지 않습니다. 이런 경우에는 식사를 적은 양으로 나누어 5끼 정도로 자주 먹는 것이 더 도움이 됩니다.

가장 중요한 것은 자신에게 맞는 방식을 스스로 찾는 것입니다. 자신의 몸과 마음이 하는 소리에 귀를 기울이며 식단을 조절하세요. 충분히 여유를 갖고 자신을 관찰하면 그 답이 보일 거예요.

주스 클렌즈를 위한
일주일 장보기 리스트

●

식재료가 떨어지면 주스 클렌즈를 하다가 실패할 수도 있습니다. 배고픔을 느끼면 순간적으로 다른 음식의 유혹을 받을 수 있기 때문에 항상 여유 있게 장을 봐두세요.

꼭 필요한 재료
주스의 베이스가 되는 재료이므로 여유있게 구입합니다.

오이 10개
셀러리 4포기
수박, 멜론 1/2통씩
당근 5kg
레몬 21개
생강 1줌
쌈케일 1kg
사과 14개
자몽 7개
시금치 1kg

· p.78~79의 리스트대로 한 번에 장을 보면 6만~8만 원 정도 비용이 듭니다. 이 재료들을 구입해두면 앞으로 챕터 3에서 소개할 주스들을 두루 다 만들 수 있습니다.
· 매일 같은 종류의 과일과 채소로 주스를 만들면 질려서 클렌즈를 지속하기가 어려워요. 소량이라도 다양한 종류로 장을 보는 것이 좋습니다.

추가 재료

다양한 맛의 주스를 만들기 위한 선택 사항입니다.

복분자, 산딸기, 딸기 등 베리류 2컵

토마토 500g

복숭아 2개(한 잔에 1/2개씩 사용하니 여유는 양)

비트 2개

배 1~2개

밀싹 100g

신선초 200g

포도 작은 1송이(한 잔에 3~4개 정도 넣으므로 여유 있는 양)

스무디 비기너를 위한
찬장 채우기 리스트

●

스무디를 만들 때는 채소, 과일 외에도 슈퍼푸드 파우더 등 여러 가지 재료들이 필요합니다.
하나씩 구비하기는 다소 번거로우니 미리 찬장을 채워놓는 것이 좋습니다.

시나몬 파우더　　죽염　　바질시드

스테비아 파우더
또는 추출액　　치아시드　　마카 파우더

녹차 가루　　카카오 파우더
(또는 유기농 코코아 파우더)　　비건 라이스
단백질 파우더

아사이베리 파우더　　생식 가루　　스피룰리나 파우더

- p.80~81의 재료를 한 번에 구입하면 20만~25만 원 정도 듭니다. 처음에는 비용이 꽤 드는 편이지만 한 번 구입해두면 장기간 사용할 수 있습니다.
- 생식 가루는 채소, 과일, 곡물을 동결 건조하여 가루로 만든 것을 구입하세요. 영양 파괴를 최소화했다는 점에서 볶은 선식과 구별됩니다.
- 소금은 죽염을 사용하는 것이 가장 좋습니다. 비건 라이스 단백질 파우더는 식물성 재료로 만든 단백질 파우더입니다. 생꿀은 일반 꿀(열처리)보다 비싸지만 그만큼 영양이 풍부합니다.
- 슈퍼푸드 파우더류는 일반 매장에서 구입하기 어려울 수 있어요. 아이허브(http://kr.iherb.com)를 이용하면 저렴한 가격으로 구입할 수 있습니다.

카카오닙
코코넛 가루
대추야자
호두, 피칸 등 견과류
코코넛 워터
코코넛 버터
아몬드 버터
코코넛 밀크
고지 베리
아몬드 밀크
생꿀
바닐라빈 (혹은 바닐라 파우더)

주스 클렌즈
FAQ

●

아직도 주스 클렌즈에 대한 궁금증이 남아 있나요?
평소 주스 클렌즈에 관해 많이 받는 질문들을 모아 보았습니다.

Q. 주스 클렌즈의 부작용은 없나요?
주스 클렌즈 자체의 부작용은 없지만 보식을 제대로 완성하지 않으면 요요가 오는 등 주스 클렌즈 이전보다 더 안 좋은 결과가 있을 수 있어요.

Q. 주스 클렌즈를 하면 안 되는 사람이 있나요?
일반적인 건강 상태를 가진 분들이라면 누구나 주스 클렌즈를 할 수 있어요. 하지만 당뇨, 저혈당, 심장 및 간 질환, 저혈압, 천식, 통풍, 결핵, 영양장애, 식이장애(거식증과 폭식증)가 있거나 약을 복용하고 있는 분들은 반드시 의사와 먼저 상담해야 합니다. 노인과 어린이, 임신부에게도 권하지 않아요.

Q. 주스 클렌즈를 꼭 해야 하는 사람이 있다면요?
평소 가공식품, 정제식품, 동물성 단백질 위주의 식사를 하는 사람. 과일과 채소를 멀리 했던 사람. 피로와 스트레스가 많은 현대인들. 비타민과 기타 영양제 등을 챙겨먹고 있으나 큰 변화를 느끼지 못하는 사람. 과체중이거나 비만인 사람. 식(食)을 쉼으로 인해서 정신적·신체적으로 깨달음과 변화를 경험하고 싶은 사람.

Q. 주스만 마시면 금세 배가 고프거나 힘이 없지 않나요?
배가 고프다면 과즙의 양을 늘려주면 됩니다. 오전부터 저녁까지 1시간 간격으로 주스를 200㎖씩 마신다면 최대 16잔까지 마시게 돼요. 이 정도의 양이면 배가 고프거나 힘이 없지 않습니다.

Q. 클렌즈 기간 중 참지 못하고 밥을 먹어 버렸다면 어떡하죠?
한 번 그런 일이 일어났다면 아마 한 번으로 끝나지 않을 거예요. 그러니 이미 주스 클렌즈가 깨진 것으로 생각하고 다음 단계인 보식으로 넘어가세요. 완전히 망친 것은 아니니 너무 낙담하지 마세요. 중단한 기간까지 클렌즈를 한 것이니까요. 다음에 좀 더 인내심을 가지고 다시 도전하면 됩니다.

Q. 명현 현상이 걱정되어 망설여져요.
사람에 따라 차이가 있지만 보통 클렌즈를 시작한 후 1~2일 정도는 설태가 많이 끼고 몸에서 평소보다 냄새가 많이 나요. 하지만 목욕이나 칫솔질의 필요성이 늘어날 뿐 다른 우려할 만한 상황은 일어나지 않으니 너무 걱정하지 마세요. 가벼운 현기증이나 두통이 발생할 수도 있지만 주스를 충분히 마시고 휴식을 취한다면 해결돼요.

Q. 클렌즈를 하다가 중단해야 하는 경우는?
일반적으로 질병이 없는 사람이라면 주스 클렌즈를 무난하게 마칠 수 있어요. 하지만 두드러기나 발진, 알레르기, 정신적으로 극심한 스트레스 등 이상 증상이 있다면 즉시 중단하고 전문가와 상담하세요.

Q. 주스 클렌즈는 어느 정도 주기로 하는 게 좋은가요?
처음이라면 하루를 해보고 일주일 후 2~3일 정도 더 해보세요. 스스로 잘 맞는다고 판단되면 또 보름 정도 후에 좀 더 긴 클렌즈에 도전해보세요. 하루 걸러 하루로, 격일 클렌즈를 하는 사례도 있어요. 이런 식으로 하면 1년 365일 중 반을 클렌즈 할 수 있습니다. 중요한 것은 자신의 리듬에 맞게 적당히 조절하는 것이에요. 스스로 스트레스를 받을 정도로 잦은 클렌즈는 권장하지 않습니다.

Q. 주스 클렌즈 기간 동안 반드시 금해야 할 것들은?
흡연, 음주, 주스 클렌즈 하다가 폭식하는 것, 야근, 유흥. 해가 지면 바로 귀가하고 휴식 후 일찍 잠들고 일찍 기상하세요.

Q. 주스를 만드는 데 드는 채소, 과일 비용이 상당하네요.
채소, 과일 가격이 결코 싸다고 할 수는 없어요. 하지만 일반 식사와 간식, 외식 비용과 비교한다면 오히려 식비가 적게 들어요. 또 주스 클렌즈로 피부가 좋아지고 건강이 개선되어 각종 영양보조제나 병원과 멀어진다면 가치 있는 식비를 지출했다고 생각하게 될 거예요. 자연의 일부인 인체에 유익한 것은 오직 자연에서 온 것이라는 것을 경험하게 되니까, 상업적인 광고에 현혹될 일도 줄어듭니다. 가치를 생각하면 그 비용은 그리 비싸지 않다고 봐요.

Q. 재료를 익혀서 먹는 일명 '해독주스'나 '마녀수프'와 주스 클렌즈가 다른 점은 무엇인가요?
해독주스나 마녀수프는 식재료를 익혔다는 점에서 인체 대사에 관여하는 효소를 얻을 수 없습니다. 피로회복에 좋은 수용성 비타민도 열에 의해 파괴되지요. 주스 클렌즈는 과일과 채소의 비타민, 미네랄, 효소와 같은 영양 성분을 열처리 등으로 파괴하거나 변형시키지 않고 살아있는 그대로 섭취하면서 인체를 정화하는 프로그램입니다.

Q. 보식 기간에 라면, 술 등 자극적인 게 당길 때 컨트롤 하는 방법은?
산책! 나쁘다고 생각되는 것들의 유혹이 있다면 좋아하는 음악을 들으며 산책을 하거나 가볍게 운동하세요. 뜨거운 물에 반신욕을 하거나 좋아하는 영화를 보거나 친구와 전화로 수다를 떠는 것도 좋습니다. 유혹이 느껴지면 스스로 화제를 전환하세요. 유혹은 맞서기보다는 피하는 것이 이롭습니다.

Q. 착즙 후 남은 찌꺼기가 너무 아까워요.
스무디는 찌꺼기가 나오지 않지만 주스는 착즙 후 찌꺼기가 많이 남지요. 섬유질이 들어있긴 하지만 영양 성분은 다 빠져나온 찌꺼기라 생각하면 그리 아깝지 않을 거예요. 그래도 찌꺼기들을 버리기 아깝다면 카레에 넣어보세요. 식품건조기에 테프론지를 깔고, 찌꺼기들을 얇게 펴서 말려주면 간식으로도 활용할 수 있습니다. 입맛에 따라 강황, 소금, 레몬즙을 추가해 고루 섞어 말려줘도 좋아요.

Q. 클렌즈를 할 때 항상 생주스를 직접 만들어야 하나요?
재료를 사서 직접 만들어 먹는 것이 가장 좋지만, 바쁠 때는 시판되는 주스를 구입해서 드시는 것도 괜찮아요. 하루 채소, 토마토 주스, 당근 주스 등은 200~500㎖ 정도라면 시판 제품을 이용해도 주스 클렌즈를 이어가기에 무리가 없습니다. 성분표를 읽어보고 최대한 채소, 과일 외에 다른 성분이 없는 주스를 선택하도록 합니다.

Q. 클렌즈용 주스에 시나몬 파우더나 견과류 등을 넣어도 되나요?
평소 주스를 즐길 때는 취향에 따라 넣어도 무방하지만, 클렌즈 기간에는 생채소, 생과일로만 만든 주스를 권장합니다. 가능한 한 넣지 마세요.

Q. 과일과 채소를 따뜻하게도 즐길 수 있나요?
주스에 생강을 조금 넣어 즙을 짜면 따뜻한 기운을 받을 수 있습니다. 핫 스무디는 효소가 살아있으면서도 따끈해서 날씨가 쌀쌀할 때, 차갑지 않은 음료를 마시고 싶을 때 좋습니다. 핫 스무디는 챕터 5의 색다른 레시피에서 소개해드릴게요.

Q. 스무디를 식사 대용으로 먹기엔 좀 허전한 기분이 들어요.
스무디에 간장, 소금, 고춧가루 등의 양념을 조금 첨가해 생수프를 만들어 보세요. 간이 되어 있기 때문에 스무디에 비해 좀 더 식사 같은 느낌으로 즐길 수 있습니다. 끓이지 않기 때문에 마녀 수프와 달리 효소가 살아있지요. 생수프는 단독 식사로 먹어도 좋고, 샐러드와 곁들이면 더욱 든든하게 즐길 수 있어요. 챕터 5에서 소개할 테니 스무디와 맛을 한번 비교해보세요.

일러두기

이 책 레시피의 단위
1컵 = 계량컵 200㎖ | 1큰술 = 계량스푼 15㎖ | 1작은술 = 계량스푼 5㎖
1꼬집 = 엄지와 검지로 가루류를 한 번 집은 분량 | 조금 = 취향대로 소량

★ 비기너에게 힘껏 추천! 누구나 맛있게 마실 수 있는 무난한 주스
☆ 무난한 주스에서 한 단계 나아간 맛과 향의 주스
● 처음에는 조금 낯설 수 있지만 마실수록 매력적인 주스

· 맛과 대표적인 효능을 표기하였습니다.

· 주스를 만들 때 생기는 거품은 효소 덩어리입니다. 반드시 섭취하세요.
· 주스와 스무디는 만든 후 1~2일 정도 냉장 보관 가능합니다.
· 과일즙과 채소즙을 따로 짜서 보관하고 마실 때 혼합할 경우, 3일까지 보관 가능합니다.
· 김치냉장고에 두면 신선도가 더 잘 유지됩니다.
· 완성된 주스 사진은 즙을 고루 섞기 전이므로 실제 주스 색깔과 조금 다를 수 있습니다.

· 케일은 즙케일이 아닌, 쌈케일을 사용합니다. 즙케일은 즙이 많이 나오지만 쓴맛이 너무 강해요. 신선초 등 그 외 채소들도 쌈채소용을 사용합니다.

· 재료를 씻고 다듬고 꼭지를 제거하는 등 기본적인 손질 과정은 생략합니다.
· 사과, 오이, 무화과, 생강, 비트 등 대부분의 재료는 깨끗이 씻어 껍질째 사용합니다.
· 레몬, 자몽, 수박, 멜론, 석류, 오렌지, 바나나, 아보카도는 껍질을 제거합니다.
· 각 재료의 씨앗은 가능한 한 제거한 후 사용합니다. 특히 사과, 참외, 멜론 씨는 반드시 제거하세요.

- 주스와 스무디에 들어가는 재료를 표기합니다.
- 레시피의 실제 분량과 재료 이미지는 일치하지 않을 수 있습니다.
- 특별한 표시가 없으면, 각 재료는 중간 크기의 것을 기준으로 합니다.
- 제시된 재료와 비슷한 재료로 대체하거나(ex.레몬→자몽) 분량이 조금 달라져도 괜찮습니다. 하지만 제시된 재료와 분량대로 넣어야 가장 맛이 좋습니다.
- 물이 표기된 경우를 제외하고는 물을 따로 첨가하지 않아도 괜찮습니다.
- 재료가 가진 수분 함량이 다르므로, 각 주스와 스무디의 용량은 200~700㎖입니다.
- 본인이 가능한 만큼 1~3회로 나누어 드세요.

- 냉동으로 표시된 재료는 생으로 대체해도 괜찮지만(ex.냉동 바나나→바나나), 제시된 대로 넣어야 가장 맛이 좋습니다.
- 얼음이 들어가는 레시피는 시원하게 먹어야 가장 맛이 좋습니다.
- 산딸기, 복분자 등 베리류를 냉동 재료로 이용할 경우 미리 꺼내서 해동한 후 사용하세요. 냉동된 채로 믹서에 넣으면 즙이 나오지 않고 아이스크림처럼 갈립니다. 해동 과정에서 나오는 즙까지 넣어주세요.
- 이 책에 나오는 주스와 스무디는 우유, 두유, 요구르트를 사용하지 않습니다. 대신 코코넛 워터, 코코넛 밀크, 코코넛 버터, 아몬드 버터, 아몬드 밀크로 고소한 맛과 점도를 만듭니다.
- 코코넛 밀크와 아몬드 밀크는 시판되는 제품보다는 직접 만들어 쓰는 것이 더 좋아요. 만드는 법은 p.41을 참고하세요.
- 셰이크를 만들 때는 가루류가 바닥에 붙지 않도록 액체류를 먼저 넣고 가루류를 넣습니다.

CHAPTER
03.

JUICE RECIPES

주스 레시피

주스 클렌즈 식단을 채워줄 맛있는 주스 레시피를 소개합니다.

01 | 굿모닝 워터멜론

JUICE RECIPES

★

아침 첫 주스로 딱 좋아요.
수박의 맑고 가벼운 기운을 느끼며 즐거운 하루를 시작해 보세요.

TASTE 살짝 달고 시원한 맛
EFFECT 이뇨 작용, 피부 정화, 신장 강화

200㎖(1회분)

INGREDIENTS

수박 1조각(수박 1/8통을 3cm 두께로 자른 1조각)

얼음 5개

HOW TO 수박을 손질한 후 착즙기에 넣고 즙을 짜세요. 완성된 주스에 얼음을 넣어 완성합니다.
TIP 수박 대신 멜론(1/8통)을 넣어도 좋아요. 수박과 멜론 둘 다 맛있으므로 번갈아 가며 식단을 구성하면 좋습니다. 생수를 추가해 당도를 조절하세요.

02 | 베이직 그린 주스

JUICE RECIPES

★

그린 주스를 처음 시도하는 사람들에게 추천하는 주스입니다.
맛과 향이 무난해서 누구나 부담 없이 먹을 수 있어요.

TASTE 새콤달콤한 맛
EFFECT 피로 해소, 소화불량 해소, 피부 미용

400㎖(1~2회분)

INGREDIENTS

레몬 1/2개

당근 통째로 2개

사과 통째로 1개

시금치 1/3단

케일 1줌

HOW TO 모든 재료들을 손질한 후 착즙기에 넣고 즙을 짜세요.
TIP 케일이 들어갈 때 레몬을 넣으면 특유의 비릿한 풀 냄새가 사라집니다.

03 | 아임 낫 딸기우유

JUICE RECIPES

★

딸기우유 색깔의 주스. 하지만 딸기도 우유도 전혀 들어가지 않는답니다.
그렇다면 맛은? 직접 확인하세요.

TASTE 시원하고 달콤한 맛
EFFECT 다이어트 효과, 장의 염증 완화, 피부 정화

350㎖(1회분)
INGREDIENTS

참외 1개

자몽 3/4개

HOW TO 재료들을 손질한 후 착즙기에 넣고 즙을 짜세요.
TIP 자몽은 껍질을 제거하고 참외는 껍질째 넣습니다. 참외 씨는 소화가 잘 되지 않으므로 제거하세요.

04 | 스위트 밀싹 주스

JUICE RECIPES

★

요즘 인기 있는 밀싹을 맛있게 먹을 수 있는 레시피입니다.
단맛이 나는 밀싹에 당도가 다소 높은 포도를 더해 달콤함에 포인트를 주었어요.

TASTE 달콤한 맛
EFFECT 산성 노폐물 제거, 에너지 공급, 월경통 완화

400㎖(1~2회분)

INGREDIENTS

당근 통째로 2개

시금치 3줌

레몬 1/2개

밀싹 1줌

복숭아 1/2개

포도 3알

HOW TO 재료들을 손질한 후 착즙기에 넣고 즙을 짜세요.
TIP 밀싹이 없으면 새싹채소로 대체해도 괜찮아요. 취향에 따라 포도알을 가감하며 단맛을 조절하세요.

05 | 서머 피치 드림 | JUICE RECIPES

★

자칫 가벼울 수 있는 여름 과일과 채소에 당근을 넣어 든든함을 더한 주스입니다.
복숭아가 들어 있어 식감이 부드러워요.

TASTE 달콤하고 부드러운 맛
EFFECT 다이어트 효과, 시력 회복, 월경통 완화

350㎖(1회분)

INGREDIENTS

당근 통째로 1개

시금치 1줌

복숭아 1개

케일 5장

셀러리 1줄기

오이 1/2개

HOW TO 재료들을 손질한 후 착즙기에 넣고 즙을 짜세요.
TIP 딱딱한 복숭아를 넣는 것이 좋아요. 물렁한 복숭아를 넣으면 주스가 걸쭉해지고 찌꺼기가 많이 생겨 식감이 좋지 않아요.

06 | 딸기 요거트맛 주스

JUICE RECIPES

☆

보기에는 그린빛이지만 신기하게도 딸기 요거트맛이 나는 주스입니다.
누구나 좋아할 만한 맛이에요.

TASTE 새콤달콤한 맛
EFFECT 혈액 정화, 위염 완화, 호르몬 균형

250㎖(1회분)

INGREDIENTS

셀러리 2줄기

딸기 1컵

사과 1/2개

케일 1줌

레몬 1/2개

HOW TO 재료들을 손질한 후 착즙기에 넣고 즙을 짜세요.
TIP 실제로는 요거트가 들어가지 않아요. 그래서 더 깔끔하고 신선한 느낌이 들지요.

07 | 시트러스 노 스트레스

JUICE RECIPES

☆

아주 간단하게 만들 수 있는 시트러스 주스입니다.
자몽, 레몬 정도로 당도가 높지 않은 과일을 사용해 상큼함을 즐기세요.

TASTE 새콤한 맛
EFFECT 혈액 정화, 다이어트 효과, 간 기능 회복

200㎖(1회분)

INGREDIENTS

얼음 5~6개

자몽 1개

HOW TO 자몽을 착즙기나 스퀴저로 짜고 얼음을 넣어 완성합니다.
TIP 과일즙은 인체를 정화하는 역할을 한답니다. 몸이 무겁고 활력이 떨어지는 날 추천합니다.
자몽 대신 레몬(1개)을 사용하는 경우 물 200㎖를 추가하세요.

08 | 클렌징 페어 주스

JUICE RECIPES

☆

배출 효과가 좋아서 기상 후 첫 번째로 마시기 좋은 주스입니다.
시원한 배즙과 새콤한 레몬의 밸런스를 느껴보세요.

TASTE 시원하고 새콤달콤한 맛
EFFECT 호흡기 질환 치료, 해열, 콜레스테롤 저하

200㎖(1회분)
INGREDIENTS

배 1/3~1/4개

생강 엄지 크기 1개

물 20㎖

레몬 1/2개

HOW TO 재료들을 손질한 후 착즙기에 넣어 즙을 짜고 마지막에 물을 넣어 완성합니다.
TIP 물이 들어가지 않으면 조금 달아요. 물을 넣어 단맛을 희석해줍니다.

09 토마토 구름

JUICE RECIPES

☆

뭉게뭉게 피어오르듯 부드러운 거품이 예술인 주스입니다.
토마토가 넉넉히 들어가 포만감도 좋아요.

TASTE 새콤하고 부드러운 맛
EFFECT 갈증 해소, 항산화, 심혈관 질환 예방

500㎖(1~2회분)

___

INGREDIENTS

방울토마토 12개(혹은 토마토 2개)

사과 1개

시금치 1줌

레몬 1/4개

오이 1/2개

셀러리 2줄기

HOW TO 재료들을 손질한 후 착즙기에 넣고 즙을 짜세요.
TIP 평일의 나른한 오후에 간식 대신 즐겨도 좋아요.

10 | 워터풀 포레스트　　JUICE RECIPES

☆

멜론, 오이, 청경채 등 수분이 많은 채소들을 넣은 주스입니다.
차게 해서 마시면 물기가 촉촉한 숲에 들어온 듯 청량감이 느껴져요.

TASTE 많이 달지 않고 시원한 맛
EFFECT 피부와 모발 건강, 관절염 완화, 체내 산성도 감소

500㎖(1~2회분)

INGREDIENTS

당근 통째로 1개

오이 1/2개

청경채 1줌

멜론 1/8통   셀러리 2줄기   케일 1줌

HOW TO 재료들을 손질한 후 착즙기에 넣고 즙을 짜세요.
TIP 멜론은 껍질과 씨를 제거하고, 나머지 모든 재료는 통째로 사용해요.

11 | 그녀

JUICE RECIPES

☆

바라만 봐도 기운이 솟는 것 같은 경쾌한 컬러의 주스예요.
컬러는 진한 핑크빛이지만 맛은 레모네이드처럼 상큼하답니다.

TASTE 새콤달콤한 맛
EFFECT 성인병 예방, 피로 해소, 콜레스테롤 저하

400㎖(2회분)

INGREDIENTS

비트 1/4개

오이 1개

레몬 1개

사과 2개

HOW TO 재료들을 손질한 후 착즙기에 넣고 즙을 짜세요.
TIP 오전이나 정오에 기분 전환으로 아주 좋아요.

12 | 석류 그라데이션 | JUICE RECIPES

☆

석류가 보이면 그냥 지나칠 수 없어요.
저 예쁜 빨간색으로 주스를 만들 생각에 벌써부터 기분이 좋아집니다.

TASTE 새콤달콤한 맛
EFFECT 항산화 효과, 피부 미용, 혈관계 질환 예방

500㎖(1~2회분)

INGREDIENTS

오렌지 1개

석류 1개

HOW TO 재료들을 손질한 후 착즙기에 넣고 즙을 짜세요.
TIP 석류는 여성호르몬 유사 성분이 풍부하기 때문에 갱년기 여성 질환에도 도움이 됩니다.

13 | 베지 진저 서프라이즈 JUICE RECIPES

☆

많이 달지 않은 과일과 수분이 많은 채소를 조합한 주스로 언제든 가볍게 마실 수 있습니다.
따뜻한 성질을 가진 생강은 채소의 찬 성질을 보완해 주지요.

TASTE 깔끔하고 시원한 맛
EFFECT 피부 보습, 혈액 알칼리화, 다이어트 효과

500㎖(1~2회분)
INGREDIENTS

당근 통째로 1개

오이 1/2개

사과 통째로 1개

시금치 크게 1줌

생강 엄지 크기 1개

셀러리 4줄기

HOW TO 재료들을 손질한 후 착즙기에 넣고 즙을 짜세요.
TIP 빨간 사과보다는 녹색 사과가 더 잘 어울려요.

14 | 그린 바캉스 | JUICE RECIPES

☆

많이 달지 않고 시원한 그린 주스입니다.
더운 여름, 얼음을 넣어 마시면 더욱 맛있어요.

TASTE 새콤하고 깔끔한 맛
EFFECT 혈액 정화, 시력 회복, 항생제 역할

500㎖(1~2회분)

INGREDIENTS

당근 통째로 2개

시금치 1/2단

레몬 1개

사과 1개

케일 1줌

셀러리 2줄기

HOW TO 재료들을 손질한 후 착즙기에 넣고 즙을 짜세요.
TIP 녹색 사과를 넣으면 더욱 시원한 느낌을 즐길 수 있어요.

15 | 피치 브라운 | JUICE RECIPES

☆

주스를 마실 때 은은하게 올라오는 복숭아 향이 코끝을 기분 좋게 감싸 안는 주스입니다.
복숭아가 제철일 때 꼭 마셔줘야 해요.

TASTE 많이 달지 않고 부드러운 맛
EFFECT 빈혈 예방, 피부 미용, 변비 예방

500㎖(1~2회분)

INGREDIENTS

셀러리 3줄기

오이 1/2개

당근 통째로 3개

복숭아 1/2개

생강 엄지 크기 1개

비트 작게 1조각
(미니 파프리카 크기 1조각)

시금치 1줌

HOW TO 재료들을 손질한 후 착즙기에 넣고 즙을 짜세요.
TIP 물렁한 복숭아보다는 딱딱한 복숭아를 넣어야 더 맛있어요.

16 | 다크 그린 레모네이드

JUICE RECIPES

•

한층 업그레이드된 그린 주스입니다.
그린 채소의 싱그러움과 레몬의 상큼함에 당근의 든든함이 더해졌어요.

TASTE 새콤달콤한 맛
EFFECT 피로 회복, 피부 미용, 시력 회복

200㎖(1회분)

INGREDIENTS

레몬 1/2개

당근 1/4개

케일 1줌

사과 1/2개

셀러리 1/2줄기

HOW TO 재료들을 손질한 후 착즙기에 넣고 즙을 짜세요.
TIP 쌈케일 기준으로 1줌입니다. 즙케일을 넣을 경우에는 1장을 넣어요.

17 | 밀싹 파워 주스

JUICE RECIPES

•

밀싹의 에너지를 느낄 수 있는 주스입니다.
밀싹의 달콤함은 살리고 비린 맛은 감추었답니다.

TASTE 달콤한 맛
EFFECT 체내 독소 제거, 노화 방지, 변비 해소

400㎖(2회분)

INGREDIENTS

당근 통째로 2개

레몬 1/2개

밀싹 1줌

사과 1개

HOW TO 재료들을 손질한 후 착즙기에 넣고 즙을 짜세요.
TIP 밀싹을 즙으로 낸 주스 56g에는 일반 유기농 채소 1.8kg에 해당하는 비타민과 미네랄이 들어있습니다.

18 | 직접 만드는 V8 주스

JUICE RECIPES

•

시중에 판매되는 V8 주스를 직접 만들어 볼까요?
각종 채소가 넉넉히 들어가기 때문에 몸과 마음에 기운찬 에너지를 불어넣어 줍니다.

TASTE 달지 않고 묵직한 맛
EFFECT 항산화 효과, 빈혈 예방, 간 기능 강화

500㎖(1~2회분)
INGREDIENTS

시금치 1줌

파슬리 1줌

당근 통째로 1개

토마토 3개
(혹은 방울토마토 18개)

셀러리 4줄기

레몬 1개

양상추 2장

비트 작게 1조각
(미니 파프리카 크기 1조각)

HOW TO 재료들을 손질한 후 착즙기에 넣고 즙을 짜세요.
TIP 소금이 들어가지 않기 때문에 시판되는 주스보다 맛이 더 깔끔해요.

19 | 에너지 케일 주스 | JUICE RECIPES

•

에너지가 풍부한 케일의 비중을 높게 하여
활력에 초점을 맞춘 주스입니다.

TASTE 살짝 씁싸래하고 부드러운 맛
EFFECT 활력 증진, 시력 보호, 혈액 정화

500㎖(1~2회분)

INGREDIENTS

케일 2줌

사과 1개

당근 통째로 3개

셀러리 3줄기

HOW TO 재료들을 손질한 후 착즙기에 넣고 즙을 짜세요.
TIP 단맛을 좀 더 느끼고 싶다면 빨간 사과를, 단맛을 줄이고 싶다면 녹색 사과를 넣으세요.

20 | 데일리 디톡스 | JUICE RECIPES

•

시중에서 흔하게 구할 수 있는 친숙한 재료들이 두루 들어간 주스입니다.
초록빛이 지겨워질 때 이런 초콜릿색 그린 주스 어떨까요?

TASTE 새콤달콤한 맛
EFFECT 에너지 공급, 피로 회복, 항산화 효과

400㎖(1~2회분)

INGREDIENTS

당근 통째로 1개

사과 작은 크기 1개

비트 작게 1조각
(미니 파프리카 크기 1조각)

레몬 1개

시금치 1줌

셀러리 2줄기

케일 3장

HOW TO 재료들을 손질한 후 착즙기에 넣고 즙을 짜세요.
TIP 사과는 부사 등 빨갛고 단맛이 많이 나는 것을 넣으세요.

21 | 산딸기 배리에이션

JUICE RECIPES

●

새콤한 산딸기와 돌미나리의 조합이 독특하고 매력적인 주스입니다.
일반 미나리도 괜찮지만 가능하면 돌미나리를 넣으세요. 향이 더욱 좋고 밸런스가 잘 맞아요.

TASTE 많이 달지 않고 산뜻한 맛
EFFECT 부종 완화, 간 정화, 다이어트 효과

400㎖(1~2회분)

INGREDIENTS

셀러리 3줄기

산딸기 1컵

돌미나리 1줌

케일 1줌

자몽 2/3개

비트 1/3개

HOW TO 재료들을 손질한 후 착즙기에 넣고 즙을 짜세요.
TIP 산딸기가 제철일 때 냉동해두면 사계절 언제든 즐길 수 있어요. 냉동 산딸기는 냉장실에서 미리 해동한 후 사용하세요.

22 | 가을에 주스

JUICE RECIPES

•

늘 마시던 그린 주스가 지루하다면 새로운 그린 주스를 만나보세요.
가을이면 더욱 생각나는 그런 맛입니다.

TASTE 새콤달콤한 맛
EFFECT 소화 촉진, 빈혈 예방, 혈액 정화

300㎖(1회분)

___
INGREDIENTS

레몬 1개

시금치 2줌

사과 작은 크기 1/2개

셀러리 3줄기

비트 작게 2조각
(미니 파프리카 크기 2조각)

배 1/4개

HOW TO 재료들을 손질한 후 착즙기에 넣고 즙을 짜세요.
TIP 추석 이후 과일이 많이 남았을 때 활용하기 좋아요.

23 | 자몽 그린 주스

JUICE RECIPES

•

자몽과 녹색 채소들이 하모니를 이루는 주스입니다.
자몽 특유의 떫은 끝맛이 묘한 매력을 풍겨요.

TASTE 많이 달지 않고 깔끔한 맛
EFFECT 다이어트 효과, 골다공증 예방, 동맥경화 예방

500㎖(1~2회분)

INGREDIENTS

신선초 1줌

시금치 1줌

자몽 1개

오이 1/2개

셀러리 3줄기

당근 통째로 2개

HOW TO 재료들을 손질한 후 착즙기에 넣고 즙을 짜세요.
TIP 신선초가 부담스럽다면 비트잎이나 민들레잎으로 대체해도 좋아요.

24 | 크랜베리 키스

JUICE RECIPES

•

그린 주스 속에 빨간 크랜베리가 숨어 있어요.
크랜베리의 새콤한 맛을 느낄 수 있는 흔치 않은 주스입니다.

TASTE 새콤달콤 향긋한 맛
EFFECT 통증 완화, 스트레스 해소, 혈관 강화

400㎖(1~2회분)

INGREDIENTS

당근 통째로 2개

돌미나리 1줌

레몬 1개

케일 3줌

크랜베리 1컵

HOW TO 재료들을 손질한 후 착즙기에 넣고 즙을 짜세요.
TIP 당절임 건조 크랜베리를 넣으면 안 돼요. 반드시 생크랜베리를 넣으세요. 냉동 크랜베리를 해동하여 넣는 것도 좋아요.

25 | 바이올렛 복분자 주스

JUICE RECIPES

•

묵직한 바이올렛 컬러와 은은한 복분자 향이 이색적인 주스입니다.
남자에게 좋다는 복분자, 하지만 여자에게도 좋은 건 마찬가지랍니다.

TASTE 새콤하며 부드럽게 단맛
EFFECT 항산화 효과, 빈혈 예방, 월경통 완화

400㎖(1~2회분)

INGREDIENTS

케일 1줌

오이 1개

복분자 1컵

레몬 1개

배 1/3개

시금치 1줌

비트 1/2개

HOW TO 재료들을 손질한 후 착즙기에 넣고 즙을 짜세요.
TIP 복분자가 제철일 때 냉동해 두면 언제든 주스를 만들 수 있어요. 사용 전 미리 해동하세요.

26 | 오렌지 윈터

JUICE RECIPES

●

오렌지와 당근이 어우러진 따뜻한 빛깔이 이 주스의 특징을 그대로 보여주는 것 같아요.
소량 첨가되는 생강이 한층 매력을 더하는 주스입니다.

TASTE 새콤달콤한 맛
EFFECT 피로 회복, 에너지 공급, 항염 작용

400㎖(1~2회분)
_____
INGREDIENTS

당근 통째로 2개

오렌지 1개

셀러리 3줄기

생강 엄지 크기 1개

HOW TO 재료들을 손질한 후 착즙기에 넣고 즙을 짜세요.
TIP 겨울에 몸이 으슬할 때 마시면 아주 좋아요.

CHAPTER 3.JUICE RECIPES

CHAPTER
04.

SMOOTHIE RECIPES

스무디 레시피

보식은 물론 평상시 식사 대용으로도 좋은 스무디 레시피를 소개합니다.

01 유 머스트 러브 미

SMOOTHIE RECIPES

★

그린 스무디라는 것이 믿기지 않을 정도로 목 넘김이 부드럽고 달콤해요.
누구나 반할 만한 맛! 가장 추천하는 스무디 중 하나입니다. Must Make!

TASTE 부드럽고 고소한 맛
EFFECT 심혈관 질환 예방, 시력 보호, 뇌 건강에 도움

300㎖(1회분)

INGREDIENTS

시금치 1줌

대추야자 5~6개

얼음 5개

아보카도 1/4개

아몬드 밀크(혹은 코코넛 밀크) 200㎖

HOW TO 재료들을 손질한 후 얼음과 함께 믹서에 넣고 곱게 갈아주세요.
TIP 아보카도는 겉에 칼집을 낸 후 손으로 돌려주면 쉽게 반으로 가를 수 있어요.
씨앗은 칼로 살짝 누른 후 돌려주면 쉽게 빠집니다. 껍질도 손으로 쉽게 벗길 수 있어요.

02 | 바나나 딜리셔스

SMOOTHIE RECIPES

★

역시 베스트로 꼽는 스무디입니다.
매일 마셔도 또 생각나는 마성의 스무디랍니다.

TASTE 달고 부드러운 맛
EFFECT 에너지 촉진, 근육 강화, 변비 개선

350㎖(1회분)

INGREDIENTS

대추야자 5개

얼음 4개

냉동 바나나 1개 반

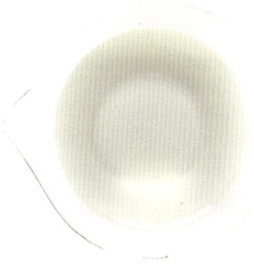

코코넛 워터 200㎖

HOW TO 재료들을 손질한 후 얼음과 함께 믹서에 넣고 곱게 갈아주세요.
TIP 가끔은 냉동 바나나 대신 냉동 망고를 넣어 다양한 식감을 즐겨보세요.

03 | 그린 레모네이드 스무디

| SMOOTHIE RECIPES

★

단맛과 새콤한 맛이 적당하게 조화를 이루고 있는 스무디입니다.
질리지 않는 데일리 스무디예요. 작가가 힘껏 추천합니다.

TASTE 새콤달콤한 맛
EFFECT 피로 회복, 피부 미용, 심장 보호

400㎖(1~2회분)

INGREDIENTS

케일 2장

레몬즙 1개분

셀러리 1/2줄기

오이 1/2개

사과 1/2개

아보카도 1/4개

물 200㎖

냉동 바나나 1개

얼음 5개

HOW TO 재료들을 손질한 후 얼음과 함께 믹서에 넣고 곱게 갈아주세요.
TIP 아보카도가 식감을 부드럽게 완성해주므로 꼭 넣어주세요.

04 마이 굿 걸

SMOOTHIE RECIPES

★

작고 사랑스러운 소녀가 생각나는 맛입니다.
복숭아의 달콤함과 레몬의 새콤함이 이렇게 잘 어울리는 줄 모르셨을걸요.

TASTE 새콤달콤한 맛
EFFECT 피로 회복, 노화 방지, 혈액순환 촉진

350㎖(1회분)
___
INGREDIENTS

레몬 1개

꿀 1큰술 복숭아 1개 물 200㎖

HOW TO 재료들을 손질한 후 믹서에 넣고 곱게 갈아주세요.
TIP 복숭아는 백도보다는 황도를 넣는 게 더 맛있어요.

05 | 트로피컬 홀리데이

SMOOTHIE RECIPES

★

열대 과일을 조합한 스무디입니다. 한 모금 마시는 순간,
햇빛 짱짱한 비치에서 호화로운 휴가를 즐기고 있는 듯한 느낌이 드실 거예요.

TASTE 달콤한 맛
EFFECT 소화 촉진, 변비 개선, 혈관질환 개선

300㎖(1회분)

INGREDIENTS

파인애플 100g(링 1개 분량)

대추야자 2개

코코넛 워터 200㎖

HOW TO 재료들을 손질한 후 믹서에 넣고 곱게 갈아주세요.
TIP 당절임된 통조림 파인애플은 너무 달아요. 반드시 생파인애플을 사용하세요.

06 | 코코 라즈베리 스무디 | SMOOTHIE RECIPES

★

이국적이며 산뜻한 맛이 만족스러운 스무디예요.
색깔까지 사랑스럽네요.

TASTE 새콤달콤 부드러운 맛
EFFECT 노화 방지, 혈관계 질환 개선, 갱년기 장애 개선

350㎖(1회분)

INGREDIENTS

죽염 1꼬집

코코넛 버터 2큰술

코코넛 워터 180㎖

산딸기 1/2컵

냉동 바나나 1개

꿀 2큰술

HOW TO 재료들을 손질한 후 믹서에 넣고 곱게 갈아주세요.
TIP 새콤한 맛을 좋아한다면 레몬즙을 1~2큰술 넣어줘도 좋아요.

07 | 가을 예감 | SMOOTHIE RECIPES

★

가을에 맛있는 단감을 부드럽게 마실 수 있는 스무디입니다.
달고 익숙한 맛이어서 남녀노소 누구나 부담 없이 먹을 수 있어요.

TASTE 달고 익숙한 맛
EFFECT 시력 보호, 뇌 건강에 도움, 변비 개선

300㎖(1회분)

INGREDIENTS

시나몬 파우더 조금

레몬즙 2큰술

단감 1개

대추야자 3개

시금치 2줌

견과류 1/4컵

코코넛 워터 200㎖

HOW TO 재료들을 손질한 후 믹서에 넣고 곱게 갈아주세요.
TIP 대추야자가 없다면 일반 대추를 6개 넣으세요.

08 | 달콤 코코

SMOOTHIE RECIPES

☆

채소와 과일의 신선한 맛이 지겨워질 때가 있어요. 그럴 땐 초콜릿의 진한 단맛을 느껴보는 것도 좋아요. 괜찮아요. 우리에겐 초콜릿 무스 느낌의 건강한 스무디가 있으니까요.

TASTE 달콤하고 부드러운 맛
EFFECT 즉각적인 에너지 공급, 변비 개선, 피부 미용

300㎖(1회분)
INGREDIENTS

캐슈너트 2~3개

코코넛 버터 3큰술

카카오 파우더 2큰술

꿀 1큰술

아몬드 밀크 3/4컵

냉동 바나나 2개

HOW TO 재료들을 손질한 후 믹서에 넣고 곱게 갈아주세요.
TIP 차갑게 먹어야 제맛인 스무디랍니다. 꼭 냉동 바나나를 넣어주세요.

09 | 크림 딸기

SMOOTHIE RECIPES

☆

달콤한 간식이 필요한 시간에 권하는 크리미한 스무디입니다.
입안에서 사르르 녹는 그 맛이 행복감을 선사해줄 거예요.

TASTE 부드럽고 달콤한 맛
EFFECT 피부 노화 방지, 뼈와 치아의 건강, 변비 개선

300㎖(1회분)

INGREDIENTS

죽염 1꼬집

대추야자 1개

냉동 딸기 1컵

아몬드 버터 2큰술

얼음 5개

냉동 바나나 1개

아몬드 밀크 3/4컵

HOW TO 재료들을 손질한 후 얼음과 함께 믹서에 넣고 곱게 갈아주세요.
TIP 아몬드 버터 대신 아몬드 1줌을 넣어도 좋아요.

10 | 무화과 나무 사이로

SMOOTHIE RECIPES

☆

무화과와 생강을 넣어 스무디를 만들면 무척 고급스럽고 우아한 맛이 나요.
평소 생강을 좋아하지 않던 사람도 맛있게 마실 수 있는 스무디입니다.

TASTE 많이 달지 않고 고소한 맛
EFFECT 노화 방지, 고혈압 개선, 변비 개선

400㎖(1~2회분)

INGREDIENTS

시나몬 파우더 조금

생강 엄지 크기 1/2개

무화과 3개

하루 견과 1봉(20~25g)

배 1/3개

코코넛 워터 180㎖

HOW TO 재료들을 손질한 후 믹서에 넣고 곱게 갈아주세요.
TIP 무화과와 생강은 깨끗이 씻어 껍질째 넣어야 제대로 맛이 완성됩니다.

11 | 치아시드 바나나 스무디

SMOOTHIE RECIPES

☆

치아시드는 물에 넣으면 10배 이상의 크기로 불어나서 포만감을 주지요.
든든함과 달콤함이 어우러진 스무디로, 식사 대용은 물론 디저트로도 좋아요.

TASTE 고소하고 달콤한 맛
EFFECT 다이어트 효과, 노화 방지, 혈액순환 촉진

300㎖(1회분)

INGREDIENTS

시나몬 파우더 조금

스테비아 1방울

코코넛 버터 1작은술

바나나 1개

얼음 3개

카카오 파우더 2작은술

치아겔 200㎖
(물 200㎖에 치아시드 1큰술을
넣고 5시간 이상 불린 것)

HOW TO 재료들을 손질한 후 얼음과 함께 믹서에 넣고 곱게 갈아주세요. 마지막에 치아겔을 넣고 시나몬 파우더를 뿌려 완성합니다.
TIP 치아시드는 미리 불려둔 후 넣어야 포만감이 제대로 느껴집니다. 물 대신 아몬드 밀크를 넣어도 좋아요.

12 | 브레인 에너지

SMOOTHIE RECIPES

☆

두뇌 활동에 좋은 견과류와 이국적인 코코넛 워터의 풍미가 잘 어울리는 스무디입니다.
수험생 및 바쁜 업무로 아이디어가 필요한 직장인들에게 추천해요.

TASTE 고소하고 부드러운 맛
EFFECT 두뇌 활성화, 면역력 강화, 우울증 치료

300㎖(1회분)

INGREDIENTS

호두 3알 또는
하루 견과 1봉(20~25g)

코코넛 워터 100㎖

참외 1/2개

자몽 1/4개

바나나 1개

HOW TO 재료들을 손질한 후 믹서에 넣고 곱게 갈아주세요.
TIP 꿀 1큰술, 고지베리 2큰술을 추가해도 좋아요.

13 | 제시카 알바 모닝 셰이크

SMOOTHIE
RECIPES

☆

제시카 알바의 책 〈The Honest Life〉에 소개된 스무디입니다.
제시카 알바가 가족들을 위해 즐겨 만드는 건강 스무디, 우리도 한번 만들어볼까요?

TASTE 달지 않고 고소한 맛
EFFECT 노화 예방, 시력 보호, 뇌 건강에 도움

400㎖(1~2회분)

INGREDIENTS

시금치 250㎖   생블루베리 250㎖   아몬드 밀크 250㎖

HOW TO 재료들을 손질한 후 믹서에 넣고 곱게 갈아주세요.
TIP 생블루베리를 구할 수 없는 계절에는 냉동을 써도 괜찮아요.
시금치 250㎖는 컵에 담아서 계량한 것으로, 손으로 편하게 1줌 잡은 양입니다.

14 | 레이디 코코 | SMOOTHIE RECIPES

☆

초콜릿의 깊은 달콤함과 크랜베리의 은근한 새콤함이 조화를 이루는 스무디입니다.
냉동 바나나와 냉동 크랜베리를 넣으면 아삭한 식감도 살릴 수 있어요.

TASTE 살짝 새콤하면서 달콤한 맛
EFFECT 변비 개선, 시력 보호, 뇌 건강에 도움

400㎖(1~2회분)

INGREDIENTS

바닐라빈 1/2개
(혹은 바닐라 파우더 1/4작은술)

카카오 파우더 1큰술

얼음 4개

시금치 2줌

아보카도 1/2개

냉동 크랜베리 1컵

냉동 바나나 1개

아몬드 밀크 200㎖

HOW TO 재료들을 손질한 후 얼음과 함께 믹서에 넣고 곱게 갈아주세요.
TIP 단맛을 좀 더 강하게 느끼고 싶다면 꿀 2작은술을 넣어주세요.

15 | 알쏭달쏭 스무디

SMOOTHIE RECIPES

☆

처음 먹어보는 묘한 맛일 거예요.
하지만 분명한 건 새콤하면서 깊은 단맛이 기분을 좋게 만들어준다는 것.

TASTE 새콤달콤한 맛
EFFECT 소화 촉진, 항암 효과, 해열 효과

350㎖(1회분)

INGREDIENTS

레몬 1개

배 1/2개

냉동 딸기 1컵

바나나 1개

얼음 7개

코코넛 워터 50㎖

물 50㎖

HOW TO 재료들을 손질한 후 얼음과 함께 믹서에 넣고 곱게 갈아주세요.
TIP 코코넛 워터 대신 같은 분량으로 사과즙을 넣어도 좋아요.

16 | 치아시드 어게인 | SMOOTHIE RECIPES

☆

딸기, 바나나 등 달콤한 재료가 들어가지만 그렇게 단맛이 강하지 않아요.
그래서 더 질리지 않고 먹을 수 있지요. 내일 또 만들게 될 거예요.

TASTE 은은한 단맛
EFFECT 노화 방지, 혈액순환 원활, 다이어트 효과

200㎖(1회분)

INGREDIENTS

무화과 1/4개

치아시드 1큰술

바나나 1/2개

냉동 딸기 4개

아몬드 밀크 100㎖

HOW TO 치아시드 1큰술을 아몬드 밀크 100㎖에 5시간 이상 불리세요.
모든 재료들을 손질한 후 믹서에 넣고 곱게 갈아주세요.
TIP 무화과 대신 한라봉을 넣어도 좋아요.

17 | 스태미나 스무디

☆

음기, 양기 보호에 좋기로 유명한 복분자와 눈에 좋은 시금치. 이 둘이 만났습니다.
생각보다 훨씬 잘 어울린다는 사실. 낮과 밤에 모두 에너지를 줄 스무디입니다.

TASTE 달콤한 맛
EFFECT 성 기능 강화, 피로 회복, 시력 보호

350㎖(1회분)

INGREDIENTS

시금치 1줌

바나나 1개

복분자 1컵

녹차 200㎖

HOW TO 재료들을 손질한 후 믹서에 넣고 곱게 갈아주세요.
TIP 허브차나 과일차 티백을 우려서 넣어도 좋아요. 블루베리차가 특히 잘 어울려요.

18 | 바질시드 생식 셰이크

| SMOOTHIE RECIPES

☆

가끔은 생식 가루로 간단하게 셰이크를 만들어 보세요.
부담스럽지 않은 달콤함과 포만감. 오늘은 이것만으로도 충분해요.

TASTE 많이 달지 않고 고소한 맛
EFFECT 다이어트 효과, 콜레스테롤 억제, 피부노화 방지

300㎖(1회분)

INGREDIENTS

바질시드 1작은술

꿀 1큰술

생식 가루 1회분
(30g, 2큰술)

아몬드 밀크 200㎖

HOW TO 바질시드를 아몬드 밀크에 20분 이상 불리세요. 재료들을 셰이커에 넣고 흔들어 잘 섞어주세요.
TIP 바질시드는 물에 불리면 식감이 좋아지므로 꼭 불린 것을 사용해요.

19 | 비타파워 스무디 | SMOOTHIE RECIPES

☆

마시는 순간 새콤함이 머리에 톡 터지는 것 같아요.
활력을 느끼고 싶을 때, 운동 전후 등 즉각적인 에너지가 필요한 순간 마시면 딱 좋아요.

TASTE 상큼새콤한 맛
EFFECT 소화 촉진, 항암 효과, 감기 회복

200㎖(1회분)

INGREDIENTS

얼음 5개

레몬 1개   자몽 1개   바나나 1개

HOW TO 레몬과 자몽은 스퀴저를 이용해 즙을 짜세요.
나머지 재료를 얼음과 함께 믹서에 넣고 곱게 간 후 즙과 섞어주세요.
TIP 냉동 바나나를 넣으면 더 시원하게 즐길 수 있어요.

20 | 매일 그대와 | SMOOTHIE RECIPES

☆

하루에 사과 한 알씩만 먹어도 장수한다는 말이 있지요.
토마토가 붉어질수록 의사들 얼굴은 새파래진대요. 건강의 상징, 사과와 토마토를 듬뿍 넣은 스무디입니다.

TASTE 많이 달지 않고 고소한 맛
EFFECT 피부 미용, 심장 보호, 나트륨 배출

250㎖(1회분)

INGREDIENTS

시금치 1줌

피칸 2큰술

토마토 2개

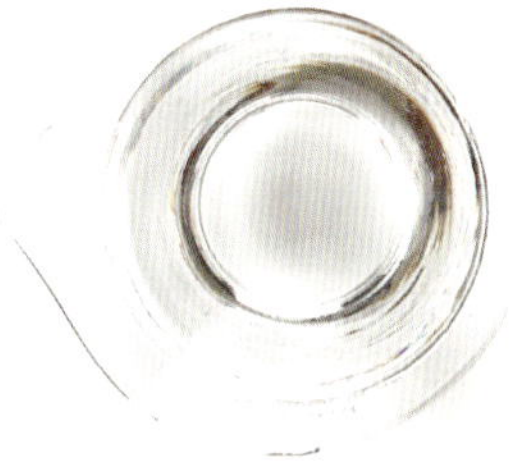

물 100㎖

사과 1/2개

케일 3장

HOW TO 재료들을 손질한 후 믹서에 넣고 곱게 갈아주세요.
TIP 피칸 대신 호두를 넣어도 괜찮아요. 피칸을 넣으면 좀 더 이국적인 맛을 즐길 수 있습니다.

21 | 미란다 커 모닝 셰이크

| SMOOTHIE RECIPES

☆

미란다 커가 자신이 마시는 모닝 셰이크 레시피를 공개해 화제가 되었지요.
무난한 맛이라고 할 수는 없지만 은근히 중독성이 있답니다.

TASTE 달콤쌉싸래한 맛
EFFECT 단백질 보충, 노화 방지, 장 건강에 도움

700㎖(2~3회분)

INGREDIENTS

마카 파우더 1큰술

비건 라이스 단백질
파우더 1큰술 반

고지베리 1큰술

치아시드 1큰술

스피룰리나 파우더 1큰술

카카오 파우더 1큰술

아사이베리 파우더 1큰술

코코넛 워터 350㎖

코코넛 밀크 350㎖

HOW TO 모든 재료를 믹서에 넣고 곱게 갈아주세요.
TIP 치아시드는 그냥 넣어도 되지만 코코넛 밀크에 미리 불려서 넣으면 부드러운 식감과 포만감을 더 즐길 수 있어요.

22 | 클린　　SMOOTHIE RECIPES

•

녹차와 오이가 깔끔한 맛을 완성시켜주는 스무디입니다.
군더더기 없는 깨끗한 맛을 느끼고 싶은 날 선택해 보세요.

TASTE 많이 달지 않으며 시원하고 깔끔한 맛
EFFECT 피로 회복, 청혈 효과, 나트륨 배출

350㎖(1회분)

INGREDIENTS

셀러리 1줄기

다진 생강 1작은술

오이 1/2개

사과 1/2개

녹차 200㎖

HOW TO 재료들을 손질한 후 믹서에 넣고 곱게 갈아주세요.
TIP 찬물에 잘 우러나는 녹차를 선택해 뜨거운 물이 아닌 찬 생수에 우려주세요.

23 | 스피룰리나 생식 셰이크

SMOOTHIE RECIPES

•

처음엔 스피룰리나의 맛과 향이 좀 어색할 수 있어요.
하지만 스피룰리나는 양질의 식물성 단백질 공급원이라는 걸 기억해주세요.

TASTE 고소하고 달콤한 맛
EFFECT 단백질 보충, 관절염 예방, 장 건강에 도움

300㎖(1회분)
INGREDIENTS

꿀 2작은술

스피룰리나 파우더 1작은술　　생식 가루 1/4컵　　아몬드 밀크 180㎖

HOW TO 셰이커에 아몬드 밀크를 먼저 넣은 후 나머지 재료를 넣고 잘 섞어주세요.
TIP 스피룰리나 파우더의 향이 부담스럽다면 단백질 파우더로 대체해도 됩니다.

24 | 슈퍼 베리 나이스 | SMOOTHIE RECIPES

●

항산화 성분이 풍부한 베리류를 한데 모았습니다.
각종 베리들을 꾸준히 섭취하면 고운 피부를 유지할 수 있지요.

TASTE 고소하고 달콤한 맛
EFFECT 항산화 효과, 뇌 건강에 도움, 심장질환 예방

350㎖(1회분)

INGREDIENTS

호두 2알

레몬즙 1큰술

코코넛 가루 1/4컵

고지베리 1/4컵

아사이베리 파우더 2큰술

케일 1줌

꿀 1큰술

배 1/2개

코코넛 워터 200㎖

HOW TO 재료들을 손질한 후 믹서에 넣고 곱게 갈아주세요.
TIP 레몬즙 대신 껍질을 제거한 레몬 1/4개를 통째로 넣고 갈아도 좋아요.

25 | 블러디 메리 | SMOOTHIE RECIPES

•

강렬한 컬러에 흠칫 놀라게 되는 스무디. 하지만 실제로는 순하고 착한 스무디.
뿌리채소의 따뜻한 기운과 견과류의 든든한 에너지를 담았습니다.

TASTE 달콤하고 부드러운 맛
EFFECT 장 건강, 시력 보호, 에너지 공급

450㎖(1~2회분)

INGREDIENTS

냉동 딸기 1컵

대추야자 3개

당근 통째로 1개

캐슈너트 1/4컵

비트 작게 1조각
(미니 파프리카 크기 1조각)

물 300㎖

HOW TO 재료들을 손질한 후 믹서에 넣고 곱게 갈아주세요.
TIP 대추야자는 칼륨이 풍부하여 뇌졸중을 예방하고 몸속의 나트륨을 제거하는 데도 도움을 줍니다.

26 | 어른의 시간

SMOOTHIE RECIPES

•

고지베리는 한약 비슷한 냄새가 살짝 나서 다소 호불호가 갈린답니다.
하지만 한 번 마시고 나면 자꾸 생각나는 것이 또 고지베리랍니다.

TASTE 달콤쌉싸래한 맛
EFFECT 뇌졸중 예방, 노화 방지, 변비 개선

300㎖(1회분)

INGREDIENTS

셀러리 2줄기

비트 작게 1조각
(미니 파프리카 크기 1조각)

포도 5알

고지베리 1/4컵

레몬즙 1개분

사과 1/2개

바나나 1개

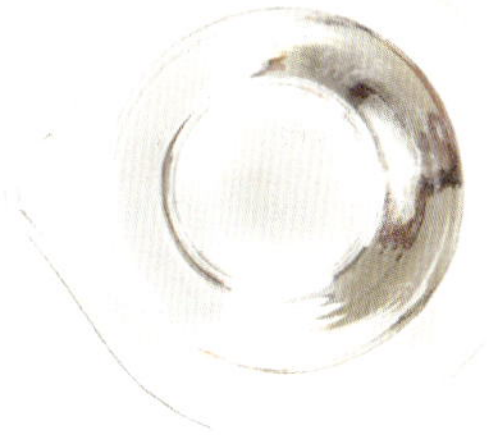

물 100㎖

HOW TO 재료들을 손질한 후 믹서에 넣고 곱게 갈아주세요.
TIP 이 스무디의 당도는 바나나로 조절합니다. 좀 더 단맛을 원하면 바나나 양을 늘리세요.

CHAPTER
05.

SPECIAL RECIPES

색다른 주스 & 스무디 레시피

이색적인 주스와 따뜻한 스무디, 그리고 끓이지 않는 생수프 레시피를 소개합니다.

01 | 퀵 그린 주스　　SPECIAL RECIPES

☆

채소 씻는 수고를 더는 간단한 주스! 시판되는 녹즙을 이용하는 참 착한 레시피입니다.
열처리 되지 않은, 효소가 살아있는 제품을 넣는 것이 중요해요.

TASTE 고소하고 부드러운 맛
EFFECT 다이어트 효과, 뇌 활동 도움, 피부 미용

400㎖(1~2회분)

INGREDIENTS

시판 녹즙 200㎖

아몬드 밀크 200㎖

HOW TO 재료들을 셰이커에 넣고 잘 섞어주세요.
TIP 시판되는 녹즙을 직접 짠 그린 주스로, 아몬드 밀크를 코코넛 밀크로 대체해도 좋아요.

02 | 프레시 치아시드 주스

SPECIAL RECIPES

☆

든든한 포만감을 느끼고 싶을 때는 치아시드를 불려서 스무디에 넣어 드시고요,
좀 더 가볍게 치아시드의 영양을 섭취하고 싶을 때는 이렇게 주스에 넣어서 드세요.

TASTE 달지 않고 깔끔한 맛
EFFECT 나트륨 배출, 피부 미용, 피로 회복

400㎖(1~2회분)

INGREDIENTS

치아겔 200㎖
(치아시드 1큰술+물 200㎖)

레몬 1개

꿀 1큰술

셀러리 3줄기

오이 1/2개

HOW TO 물 200㎖에 미리 치아시드 1큰술을 넣어 20분간 불려 치아겔을 만듭니다.
나머지 재료들은 손질한 후 착즙기에 넣고 즙을 짜세요. 마지막으로 주스에 치아겔을 넣어 완성합니다.
TIP 얼음 1줌을 추가하여 시원하게 즐겨도 좋아요.

03 | 시크릿 코코아 주스

SPECIAL RECIPES

☆

초코 맛이 간절할 때 마시는 건강한 코코아 주스입니다.
다이어트 할 때 마셔도 죄책감이 느껴지지 않는 건 이 달콤함 속에 당근이 숨어있기 때문이죠.

TASTE 달콤한 맛
EFFECT 시력 보호, 소화불량 해소, 피부 미용

200㎖(1회분)

INGREDIENTS

스테비아 1~2방울   유기농 코코아 파우더 1큰술   당근즙 200㎖

HOW TO 착즙기에 당근 1-2개를 넣고 즙을 짠 후 나머지 재료들을 넣어 잘 섞어주세요.
TIP 단맛을 줄이고 싶으면 스테비아는 빼도 좋아요. 스테비아 대신 꿀 1큰술을 넣어도 좋아요.

04 | 마카 에너지 주스

| SPECIAL RECIPES

☆

신기하게도 팥빙수 맛이 나는 조합이에요.
마카 파우더를 더한 기운찬 주스입니다.

TASTE 달콤한 맛
EFFECT 에너지 증진, 체력 증강, 호르몬 조절

400㎖(1~2회분)
___
INGREDIENTS

머루포도 5알

사과 2개   마카 파우더 2작은술   오이 1/2개

HOW TO 재료들을 손질한 후 착즙기에 넣고 즙을 짜세요. 마지막에 마카 파우더를 넣어 잘 섞어주세요.
TIP 오이 대신 물 50㎖를 추가해도 좋아요.

05 | 밀싹 파우더 주스

SPECIAL RECIPES

☆

밀싹을 파는 곳이 아직 많지 않기 때문에 그때그때 신선한 밀싹을 구하기 어려울 수 있어요.
대신 밀싹 파우더를 구비해 두면 언제든 간편하게 밀싹 주스를 만들 수 있답니다.

TASTE 달콤한 맛
EFFECT 체내 독소 정화, 활성산소 제거, 빈혈 완화

400㎖(1~2회분)

INGREDIENTS

사과 1개   밀싹 파우더 1작은술   레몬 1/2개
                                 당근 통째로 1개

HOW TO 재료들을 손질한 후 착즙기에 넣고 즙을 짜세요. 마지막에 밀싹 파우더를 넣어 잘 섞어주세요.
TIP 사과는 부사 등 달콤한 것을 사용해요.

06 뿌리채소의 힘 | SPECIAL RECIPES

☆

포근한 땅속에서 자란 뿌리채소들은 몸에 따스한 기운을 더해줍니다.
으슬으슬한 겨울에 힘껏 추천합니다.

TASTE 고소하고 부드러운 맛
EFFECT 면역력 증진, 감기 예방, 시력 보호

400㎖(1~2회분)
INGREDIENTS

당근 통째로 1개

사과 1개

고구마 1개

생강 엄지 크기 1개

HOW TO 재료들을 손질한 후 착즙기에 넣고 즙을 짜세요.
TIP 고구마는 삶지 않고 껍질째 생으로 넣습니다. 포만감이 오래 가서 평상시 식사 대용으로도 좋아요.

07 | 퀵 아몬드 밀크

SPECIAL RECIPES

★

본래 아몬드 밀크는 아몬드와 물을 믹서에 넣고 간 후에 즙만 걸러내는 것인데요, 이 레시피대로 하면 1분 안에 빠르게 아몬드 밀크를 만들 수 있답니다.

TASTE 우유보다 더 고소한 맛
EFFECT 피부노화 방지, 콜레스테롤 수치 감소, 두뇌 활성화

200㎖(1회분)

INGREDIENTS

죽염 1꼬집

꿀 1작은술　　　아몬드 버터 2큰술　　　물 200㎖

HOW TO 재료들을 믹서에 넣고 곱게 갈아주세요.
TIP 취향에 따라 바닐라 파우더나 시나몬 파우더를 추가해도 좋아요.

08 그린티 스무디

SPECIAL RECIPES

☆

녹차 좋아하는 분들 많으시죠.
쌉싸래한 맛이 매력적인 녹차를 가미한 스무디를 만들어보았습니다.

TASTE 달콤쌉싸래한 맛
EFFECT 시력 보호, 변비 개선, 노화 방지

400㎖(1~2회분)

INGREDIENTS

녹차 가루 2큰술

코코넛 워터 200㎖

바나나 1개

냉동 딸기 1컵

HOW TO 재료들을 손질한 후 믹서에 넣고 곱게 갈아주세요.
TIP 조금 더 단맛을 원하면 꿀 1큰술을 추가하세요.

09 | 몽글 핫 스무디 | SPECIAL RECIPES

★

달콤한 바나나와 입에 부드럽게 착 감기는 아몬드 버터가 중독을 유발하는 스무디.
쌀쌀한 환절기에 틈틈이 마셔주면 감기 예방에도 도움이 된답니다. 작가의 추천 스무디입니다!

TASTE 달콤하고 부드러운 맛
EFFECT 피부 미용, 두뇌 활성화, 면역력 강화

200㎖(1회분)
INGREDIENTS

대추야자 3개

시나몬 파우더 조금

생강 엄지 크기 1/2개

죽염 1꼬집

뜨거운 물 3/4컵

아몬드 버터 2큰술

바나나 1개

HOW TO 재료들을 손질한 후 믹서에 넣고 곱게 갈아주세요.
TIP 생바나나가 뜨거운 물을 만나면 몽글몽글 식감이 좋아져요.

10 | 노곤노곤 핫 스무디

SPECIAL RECIPES

★

바닐라와 캐모마일의 풍미가 좋은 스무디입니다.
찬 바람 부는 날, 따끈하게 해서 한 잔 마시면 몸이 노곤해지면서 하루의 피로가 풀리는 느낌이에요.

TASTE 달콤한 맛
EFFECT 다이어트 효과, 부기 제거, 노화 방지

300㎖(1회분)
INGREDIENTS

대추야자 2개

뜨거운 캐모마일차 200㎖

치아시드 1큰술

카카오 파우더 1큰술

바닐라빈 1/2개
(혹은 바닐라 파우더 1/4작은술)

바나나 1개

HOW TO 재료들을 손질한 후 믹서에 넣고 곱게 갈아주세요.
TIP 캐모마일 외에도 로즈힙 등 좋아하는 허브차를 다양하게 활용해보세요.

11 | 솔직담백 핫 초코

| SPECIAL RECIPES

★

우유 없이도 맛있는 핫 초코를 만들 수 있답니다. 우리에겐 견과류가 있거든요.
유지방은 쏙 빼고 부드러운 식감은 그대로 살린 핫 초코입니다.

TASTE 고소하고 부드러운 맛
EFFECT 성인병 예방, 빈혈 예방, 피로 회복

200㎖(1회분)
INGREDIENTS

죽염 1꼬집

카카오 파우더 2작은술

꿀 1큰술

캐슈 밀크 200㎖
(캐슈너트 14g+물 200㎖)

바닐라빈 1/2개
(혹은 바닐라 파우더 1/4작은술)

HOW TO 캐슈너트와 물을 믹서에 간 후 나머지 재료들을 함께 냄비에 넣고 약한 불에서 살짝 끓여주세요.
TIP 캐슈 밀크는 따로 건더기를 걸러낼 필요가 없어요. 대신 아몬드 밀크를 사용해도 맛있어요.

12 | 크리미 그린 핫 스무디

SPECIAL RECIPES

☆

그린 스무디는 차게 먹어야 제맛이라는 편견을 버리세요.
따뜻해서 더 매력적인 그린 스무디를 소개합니다.

TASTE 부드럽고 달콤한 맛
EFFECT 심혈관 질환 예방, 시력 보호, 우울증 개선

300㎖(1회분)

INGREDIENTS

시금치 1줌

코코넛 밀크 200㎖

바나나 1개

바닐라빈 1/2개
(혹은 바닐라 파우더 1/4작은술)

HOW TO 코코넛 밀크를 따끈하게 데운 후 나머지 재료들과 믹서에 넣어 곱게 갈아주세요.
TIP 코코넛 밀크는 직접 만들어서 사용하세요. 시판되는 코코넛 밀크는 지방 함량이 많아 조금 부담스러울 수 있어요.

13 | 슈퍼 핫 초콜릿

SPECIAL RECIPES

★

정력에 좋은 마카 파우더의 향이 매력적인 핫 초콜릿입니다.
꿀과 시나몬, 생강이 들어가 감기에도 좋아요. 몸이 으슬으슬할 때 한 잔 드세요.

TASTE 달콤한 맛
EFFECT 정력 증진, 뇌 건강에 도움, 뼈와 치아 건강에 도움

300㎖(1회분)

INGREDIENTS

시나몬 파우더 조금

죽염 1꼬집

생강 엄지 크기 1조각

마카 파우더 2작은술

카카오 파우더 1큰술

꿀 1큰술

캐슈 밀크 300㎖
(캐슈너트 21g+물 300㎖)

바닐라빈 1/2개
(혹은 바닐라 파우더 1/4작은술)

HOW TO 캐슈너트와 물을 믹서에 간 후 나머지 재료들을 함께 냄비에 넣고 약한 불에서 살짝 끓여주세요.
TIP 바닐라빈은 반으로 갈라 씨만 긁어서 사용합니다.

14 | 홈메이드 아사이볼 | SPECIAL RECIPES

★

요즘 인기 있는 아사이볼의 홈메이드 버전입니다. 아사이베리 스무디에 각종 과일을 올려 먹는 것인데요. 밖에서 사먹으면 그 가격이 만만치 않답니다.

TASTE 달콤새콤한 맛
EFFECT 항산화 효과, 콜레스테롤 감소, 즉각적인 에너지 공급

250㎖(1회분)

INGREDIENTS

〈스무디 재료〉

아사이베리 파우더 2큰술   꿀 1큰술
바나나 1/2개   냉동 블루베리 1컵   물 조금

〈토핑 재료〉

생블루베리·산딸기 1큰술씩
망고·키위·바나나 1/4개씩
고지베리 1큰술   코코넛 가루 1큰술
치아시드 1작은술   카카오닙 1큰술

HOW TO 스무디 재료를 믹서에 넣고 갈아주세요. 스무디를 그릇에 담고 토핑 재료들을 얹어 완성합니다.
TIP 취향에 따라 꿀을 더 추가해 더욱 달콤하게 즐겨도 좋아요.

| 15 | # 톰과 캐롯 수프 | SPECIAL RECIPES

☆

당근즙을 베이스로 한 크리미한 수프입니다.
그윽한 맛과 깊은 영양을 느낄 수 있습니다.

TASTE 달콤하고 부드러운 맛
EFFECT 시력 보호, 노화 방지, 암 예방

400㎖(1~2회분)

INGREDIENTS

토마토 1개
레몬즙 2큰술
올리브 오일 1큰술
생바질 6장
죽염 2꼬집
풋고추 1/4개
시금치 1줌
아보카도 1/2개
당근즙 1컵

HOW TO 바질과 올리브 오일을 제외한 나머지 재료들을 믹서에 넣고 곱게 갈아주세요. 마지막에 바질, 올리브 오일을 넣어줍니다.
TIP 다른 재료들을 조금 남겨두었다가 고명으로 올려 장식해도 좋아요.

16 | 풍미가 좋은 참깨 수프

SPECIAL RECIPES

☆

고소한 참깨의 풍미가 좋은 식사 대용 수프입니다. 짭짤한 맛이 포인트인데요,
좀 더 심심한 맛을 원한다면 입맛에 따라 간장과 미소를 조절하세요.

TASTE 짭짤하고 고소한 맛
EFFECT 혈중 콜레스테롤 감소, 성인병 예방, 노화 방지

400㎖(1~2회분)

INGREDIENTS

- 마늘 1쪽
- 생강 엄지 크기 1개
- 고춧가루 조금
- 김가루 조금
- 토마토 1/2개 (방울토마토 3개)
- 레몬즙 1/2개분
- 고수 1줌
- 참기름 조금
- 적색 양파 1조각(1/10개)
- 오이 2/3개
- 사과 1/2개
- 미소 2큰술
- 빨간 파프리카 1/4개
- 셀러리 2줄기
- 간장 1작은술
- 참깨 1/2컵
- 물 100㎖

HOW TO 재료들을 손질한 후 믹서에 넣고 곱게 갈아주세요.
TIP 들어가는 재료가 다소 많은 편이지만 다 들어가야 맛있어요.

17 | 시원한 청경채 수프

SPECIAL RECIPES

☆

든든하고 묵직한 느낌이어서 식사 대용으로 딱 좋아요. 청경채와 오이의 깔끔하고 시원한 조합에 취향껏 고춧가루를 조금 넣어주면 어찌나 맛있는지 몰라요.

TASTE 매콤하고 깔끔한 맛
EFFECT 나트륨 배출, 피부 미용, 에너지 공급

400㎖(1~2회분)

INGREDIENTS

올리브 오일 1작은술

미소 1작은술

후추 1꼬집

다진 생강 1작은술

고춧가루 조금

레몬즙 1큰술

오이 1/3개

간장 조금

물 100㎖

아보카도 1/2개

청경채 1줌

HOW TO 재료들을 손질한 후 믹서에 넣고 곱게 갈아주세요.
TIP 한국 된장은 짠맛이 강하므로 비교적 짠맛이 적은 미소를 넣어주세요.
물 대신 오이즙이나 청경채즙을 넣어주면 더 깊은 맛과 영양을 느낄 수 있어요.

18 코코넛 커리 수프

SPECIAL RECIPES

☆

이국적인 코코넛의 맛과 향이 기분 좋은 수프입니다.
어릴 적에 즐겨 먹던 '치토스' 같은 맛도 살짝 난답니다.

TASTE 달콤하고 짭짤한 맛
EFFECT 소화 촉진, 변비 개선, 피로 회복

400㎖(1~2회분)

INGREDIENTS

미소 조금

고춧가루 조금

커리 파우더 1/2작은술

코코넛 워터 100㎖

레몬즙 1큰술

다진 마늘 1/4작은술

코코넛 버터 1큰술

파인애플 1컵

고수 1줄기

코코넛 밀크 100㎖

HOW TO 재료들을 손질한 후 믹서에 넣고 곱게 갈아주세요.
TIP 커리 파우더 대신 강황가루를 넣어도 괜찮아요.

19 | 망고 실란트로 수프

SPECIAL RECIPES

☆

고수 특유의 향이 수프를 더욱 매력적이게 합니다.
고수를 좋아하지 않는 분도 맛있게 드실 수 있어요.

TASTE 달콤한 맛
EFFECT 시력 보호, 뇌 건강에 도움, 다이어트 효과

500㎖(1~2회분)

INGREDIENTS

시금치 1줌
고춧가루 조금
치아시드 1큰술
코코넛 밀크 1컵
망고 1개
파인애플 1컵
고수 1줌

HOW TO 치아시드는 코코넛 밀크에 5시간 이상 불려두세요. 고수와 고춧가루를 제외한 모든 재료를 믹서에 넣고 곱게 갈아주세요. 수프를 그릇에 담고 고수와 고춧가루를 올려 완성합니다.
TIP 고수가 이 수프를 완성한다는 걸 기억해주세요. 코코넛 밀크는 직접 만든 신선한 것을 사용해요.

20 | 영양 듬뿍 베지 수프 | SPECIAL RECIPES

☆

주키니 호박과 아보카도를 갈아 넣어 점도를 높인 수프입니다.
신선한 채소 향기와 입에 착 감기는 촉촉한 식감을 즐겨보세요.

TASTE 깔끔하고 매콤한 맛
EFFECT 항산화 효과, 고혈압 및 심장병 예방, 체내 노폐물 배출

400㎖(1~2회분)

INGREDIENTS

- 셀러리 1줄기
- 올리브 5개
- 고춧가루 1/4작은술
- 후추 조금
- 파프리카 1/4개
- 죽염 1꼬집
- 고수 조금
- 아보카도 1/2개
- 토마토 2개
- 올리브 오일 2큰술
- 다진 양파 1큰술
- 주키니 호박 1/4개

HOW TO 재료들을 손질한 후 믹서에 넣고 곱게 갈아주세요. 남은 재료를 고명으로 올려도 좋아요.
TIP 주키니 호박도 익히지 않고 생으로 넣어주세요.

작가가 추천하는
주스 & 주스바

•

로푸드 요리 연구가인 저도 바쁠 때는 생주스를 직접 만들어 먹기가 어려워요.
그럴 때는 주스바를 찾기도 하고 배달 녹즙의 도움을 받기도 한답니다. 그중에서 특히
제가 좋아하는 주스바와 녹즙 제품을 추천해드릴게요.

머시주스

사실 제가 주스바에 자주 가는 편은 아니에요. 대부분 주스바의 주스들은 너무 단맛에 치중
돼 있거든요. 하지만 가로수길에 위치하는 머시주스(Mercy Juice)는 맛도 마음에 들고 영양 밸
런스도 좋아서 단골이 된 곳입니다. 주문 후 바로 착즙해서 주기 때문에 재료의 신선한 맛을
그대로 즐길 수 있어요. 무농약 사과를 쓴다는 것도 칭찬할 만해요.
과일과 채소를 베이스로 한 12가지 주스와 원액 샷, 그리고 스무디가 준비돼 있고 요즘 인기
있는 밀싹 주스도 맛볼 수 있습니다. 각각 주스마다 센스 있게 네이밍이 되어 있고 주스를 담
아주는 테이크아웃 보틀도 무척 예쁩답니다.
저는 이곳의 주스 중에서 '글로우 5', '세인트 비타', '닥터 머시'를 가장 좋아해요. 재료가 녹색
잎 채소와 뿌리채소 중심으로 구성되어 있어서 달지 않고 건강한 느낌이 듭니다.
머시주스에서 주스 클렌즈 프로그램도 만나볼 수 있어요. 하루에 섭취해야 하는 6병의 주스
가 하나의 패키지로 묶여있고, 2시간마다 1병씩 섭취하도록 순서가 정해져 있습니다. 신체의
사이클에 맞게 그 순서가 정해져 있는 것이라고 하네요. 좀 더 간편하게 주스 클렌즈를 경험
해보고 싶은 분들에게 권해드려요.

머시주스 신사동 본점 02-547-3595
주스 250㎖ 5,000~6,000원대 | 1Day 주스 클렌즈 프로그램(6병) 49,000원 | 3Day 주스 클렌즈 프로그램(18병)
129,000원.

머시주스 내부

풀무원 종합녹즙

주스 만드는 게 번거롭고 귀찮을 때는 녹즙을 배달시켜 먹는 것도 괜찮은 방법이에요. 하지만 녹즙 제품도 열처리 되어 있어서 효소가 살아있지 않거나 설탕 등 첨가물이 들어간 것이 꽤 많으니까 꼼꼼히 잘 따져보고 주문하셔야 해요.

제가 애용하고 있는 제품은 풀무원 녹즙이에요. 효소가 살아있는 신선한 맛을 느낄 수 있는데, 그중에서도 '종합녹즙'이 가장 마음에 듭니다. 배달해주니까 편하고 부담 없지요. 자신이 즐길 수 있는 가장 쉬운 방법으로 주스와 친해져 보세요.

풀무원 녹즙 080-022-0085
주 6회분 4주 종합녹즙 5만 원선.

Index

주스

가을에 주스 132
레몬 1개+사과 작은 크기 1/2개+셀러리 3줄기+시금치 2줌+비트 작게 2조각+배 1/4개

굿모닝 워터멜론 90
수박 1조각+얼음 5개

그녀 110
비트 1/4개+오이 1개+레몬 1개+사과 2개

그린 바캉스 116
당근 2개+시금치 1/2단+레몬 1개+사과 1개+케일 1줌+셀러리 2줄기

다크 그린 레모네이드 120
레몬 1/2개+당근 1/4개+케일 1줌+셀러리 1/2줄기+사과 1/2개

데일리 디톡스 128
당근 1개+사과 작은 크기 1개+레몬 1개+비트 작게 1조각+시금치 1줌+셀러리 2줄기+케일 3장

딸기 요구트맛 주스 100
셀러리 2줄기+딸기 1컵+케일 1줌+사과 1/2개+레몬 1/2개

밀싹 파워 주스 122
당근 2개+레몬 1/2개+밀싹 1줌+사과 1개

바이올렛 복분자 주스 138
케일 1줌+복분자 1컵+배 1/3개+오이 1개+레몬 1개+시금치 1줌+비트 1/2개

베이직 그린 주스 92
레몬 1/2개+당근 2개+사과 1개+시금치 1/3단+케일 1줌

베지 진저 서프라이즈 114
당근 1개+오이 1/2개+사과+시금치 크게 1줌+셀러리 2줄기+생강 엄지 크기 1개

산딸기 배리에이션 130
셀러리 3줄기+산딸기 1컵+돌미나리 1줌+케일 1줌+자몽 2/3개+비트 1/3개

서머 피치 드림 98
복숭아 1개+당근 1개+시금치 1줌+케일 5장+셀러리 1줄기+오이 1/2개

석류 그라데이션 112
오렌지 1개+석류 1개

스위트 밀싹 주스 96
밀싹 1줌+당근 2개+레몬 1/2개+시금치 3줌+복숭아 1/2개+포도 3알

시트러스 노 스트레스 102
얼음 5~6개+자몽 1개

아임 낫 딸기우유 94
참외 1개+자몽 3/4개

에너지 케일 주스 126
케일 2줌+당근 3개+사과 1개+셀러리 3줄기

오렌지 윈터 140
당근 2개+오렌지 1개+셀러리 3줄기+생강 엄지 크기 1개

워터풀 포레스트 108
당근 1개+오이 1/2개+청경채 1줌+멜론 1/8통+셀러리 2줄기+케일 1줌

자몽 그린 주스 134
시금치 1줌+오이 1/2개+신선초 1줌+자몽 1개+셀러리 3줄기+당근 2개

직접 만드는 V8 주스 124
시금치 1줌+파슬리 1줌+당근 1개+토마토 3개+양상추 2장+셀러리 4줄기+레몬 1개+비트 작게 1조각

크랜베리 키스 136
당근 2개+돌미나리 1줌+케일 3줌+레몬 1개+크랜베리 1컵

클렌징 페어 주스 104
배 1/3~1/4개+생강 엄지 크기 1개+레몬 1/2개+물 20㎖

토마토 구름 106
방울토마토 12개(혹은 토마토 2개)+사과 1개+시금치 1줌+레몬 1/4개+오이 1/2개+셀러리 2줄기

피치 브라운 118
셀러리 3줄기+오이 1/2개+당근 3개+복숭아 1/2개+생강 엄지 크키 1개+비트 작게 1조각+시금치 1줌

스무디

가을 예감 156
시나몬 파우더 조금+레몬즙 2큰술+단감 1개+대추야자 3개+시금치 2줌+견과류 1/4컵+코코넛 워터 200㎖

그린 레모네이드 스무디 148
케일 2장+레몬즙 1개분+셀러리 1/2줄기+오이 1/2개+사과 1/2개+아보카도 1/4개+물 200㎖+냉동 바나나 1개+얼음 5개

달콤 코코 158
캐슈너트 2~3개+코코넛 버터 3큰술+카카오 파우더 2큰술+꿀 1큰술+냉동 바나나 2개+아몬드 밀크 3/4컵

레이디 코코 170
바닐라빈 1/2개(혹은 바닐라 파우더 1/4작은술)+카카오 파우더 1큰술+얼음 4개+시금치 2줌+아보카도 1/2개+냉동 크랜베리 1컵+냉동 바나나 1개+아몬드 밀크 200㎖

마이 굿 걸 150
레몬 1개+꿀 1큰술+복숭아 1개+물 200㎖

매일 그대와 182
시금치 1줌+피칸 2큰술+토마토 2개+물 100㎖+사과 1/2개+케일 3장

무화과 나무 사이로 162
시나몬 파우더 조금+생강 엄지 크기 1/2개+무화과 3개+하루 견과 1봉+배 1/3개+코코넛 워터 180㎖

미란다 커 모닝 셰이크 184
마카 파우더 1큰술+비건 라이스 단백질 파우더 1큰술 반+고지베리 1큰술+치아시드 1큰술+스피루리나 파우더 1큰술+카카오 파우더 1큰술+아사이베리 파우더 1큰술+코코넛 워터 350㎖+코코넛 밀크 350㎖

바나나 딜리셔스 146
냉동 바나나 1개 반+대추야자 5개+얼음 4개+코코넛 워터 200㎖

바질시드 생식 셰이크 178
바질시드 1작은술+꿀 1큰술+생식 가루 1회분+아몬드 밀크 200㎖

브레인 에너지 166
하루 견과 1봉(혹은 호두 3알)+코코넛 워터 100㎖+참외 1/2개+자몽 1/4개+바나나 1개

블러디 메리 192
캐슈너트 1/4컵+냉동 딸기 1컵+대추야자 3개+당근 1개+비트 작게 1조각+물 300㎖

비타파워 스무디 180
얼음 5개+레몬 1개+자몽 1개+바나나 1개

슈퍼 베리 나이스 190
호두 2알+레몬즙 1큰술+코코넛 가루 1/4컵+고지베리 1/4컵+아사이베리 파우더 2큰술+케일 1줌+꿀 1큰술+배 1/2개+코코넛 워터 200㎖

스태미나 스무디 176
시금치 1줌+바나나 1개+복분자 1컵+녹차 200㎖

스피룰리나 생식 셰이크 188
꿀 2작은술+스피룰리나 파우더 1작은술+생식 가루 1/4컵+아몬드 밀크 180㎖

알쏭달쏭 스무디 172
레몬 1개+냉동 딸기 1컵+배 1/2개+바나나 1개+얼음 7개+코코넛 워터 50㎖+물 50㎖

어른의 시간 194
셀러리 2줄기+비트 작게 1조각+포도 5알+고지베리 1/4컵+레몬즙 2개분+사과 1/2개+바나나 1개+물 100㎖

유 머스트 러브 미 144
시금치 1줌+대추야자 5~6개+얼음 5개+아보카도 1/4개+아몬드 밀크(혹은 코코넛 밀크) 200㎖

제시카 알바 모닝 셰이크 168
시금치 250㎖+생블루베리 250㎖+아몬드 밀크 250㎖

치아시드 바나나 스무디 164
시나몬 파우더 조금+스테비아 1방울+코코넛 버터 1작은술+바나나 1개+얼음 3개+카카오 파우더 2작은술+치아시드 1큰술+물 200㎖

치아시드 어게인 174
무화과 1/4개+치아시드 1큰술+바나나 1/2개+냉동 딸기 4개+아몬드 밀크 100㎖

코코 라즈베리 스무디 154
죽염 1꼬집+코코넛 버터 2큰술+코코넛 워터 180㎖+산딸기 1/2컵+냉동 바나나 1개+꿀 2큰술

크림 딸기 160
죽염 1꼬집+대추야자 1개+냉동 딸기 1컵+아몬드 버터 2큰술+얼음 5개+냉동 바나나 1개+아몬드 밀크 3/4컵

클린 186
셀러리 1줄기+다진 생강 1작은술+오이 1/2개+사과 1개+녹차 200㎖

트로피컬 홀리데이 152
파인애플 100g+대추야자 2개+코코넛 워터 200㎖

색다른 주스 & 스무디

그린티 스무디 212
녹차 가루 2큰술+바나나 1개+코코넛 워터 200㎖+냉동 딸기 1컵

노곤노곤 핫 스무디 216
대추야자 2개+뜨거운 캐모마일차 200㎖+치아시드 1큰술+카카오 파우더 1큰술+바닐라빈 1/2개+바나나 1개

마카 에너지 주스 204
머루포도 5알+사과 2개+마카 파우더 2작은술+오이 1/2개

망고 실란트로 수프 234
시금치 1줌+고춧가루 조금+치아시드 1큰술+코코넛 밀크 1컵+망고 1개+파인애플 1컵+고수 1줌

몽글 핫 스무디 214
대추야자 3개+죽염 1꼬집+시나몬 파우더 조금+생강 엄지 크기 1/2개+뜨거운 물 3/4컵+아몬드 버터 2큰술+바나나 1개

밀싹 파우더 주스 206
사과 1개+밀싹 파우더 1작은술+레몬 1/2개+당근 1개

뿌리채소의 힘 208
사과 1개+고구마 1개+당근 1개+생강 엄지 크기 1개

솔직담백 핫 초코 218
죽염 1꼬집+카카오 파우더 2작은술+꿀 1큰술+캐슈 밀크 200㎖+바닐라빈 1/2개

슈퍼 핫 초콜릿 222
시나몬 파우더 조금+죽염 1꼬집+생강 엄지 크기 1조각+마카 파우더 2작은술+카카오 파우더 1큰술+꿀 1큰술+캐슈 밀크 300㎖+바닐라빈 1/2개

시원한 청경채 수프 230
올리브 오일 1작은술+미소 1작은술+레몬즙 1큰술+오이 1/3개+간장 조금+후추 1꼬집+다진 생강 1작은술+고춧가루 조금+물 100㎖+아보카도 1/2개+청경채 1줌

시크릿 코코아 주스 202
스테비아 1~2방울+유기농 코코아 파우더 1큰술+당근즙 200㎖

영양 듬뿍 베지 수프 236
고수 조금+셀러리 1줄기+올리브 5개+후추 조금+고춧가루 1/4작은술+파프리카 1/4개+죽염 1꼬집+토마토 2개+아보카도 1/2개+올리브 오일 1작은술+다진 양파 1큰술+주키니 호박 1/4개

코코넛 커리 수프 232
미소 조금+고춧가루 조금+커리 파우더 1/2작은술+코코넛 워터 100㎖+레몬즙 1큰술+다진 마늘 1/4작은술+코코넛 버터 1큰술+파인애플 1컵+고수 1줄기+코코넛 밀크 100㎖

퀵 그린 주스 198
시판 녹즙 200㎖+아몬드 밀크 200㎖

퀵 아몬드 밀크 210
죽염 1꼬집+꿀 1작은술+아몬드 버터 2큰술+물 200㎖

크리미 그린 핫 스무디 220
시금치 1줌+코코넛 밀크 200㎖+바나나 1개+바닐라빈 1/2개

톰과 캐롯 수프 226
토마토 1개+레몬즙 2큰술+올리브 오일 1큰술+생바질 6장+죽염 2꼬집+풋고추 1/4개+시금치 1줌+아보카도 1/2개+당근즙 1컵

풍미가 좋은 참깨 수프 228
마늘 1쪽+생강 엄지 크기 1개+고춧가루 조금+토마토 1/2개+김가루 조금+적색 양파 1조각+참기름 조금+미소 2큰술+빨간 파프리카 1/4개+오이 2/3개+셀러리 2줄기+고수 1줌+레몬즙 1/2개분+사과 1개+간장 1작은술+참깨 1/2컵+물 100㎖

프레시 치아시드 주스 200
치아시드 1큰술+물 200㎖+오이 1/2개+레몬 1개+꿀 1큰술+셀러리 3줄기

홈메이드 아사이볼 224
스무디 재료 | 아사이베리 파우더 2큰술+꿀 1큰술+바나나 1/2개+냉동 블루베리 1컵+물 조금
토핑 재료 | 생블루베리·산딸기 1큰술씩+망고·키위·바나나 1/4개씩+고지베리 1큰술+코코넛 가루 1큰술+치아시드 1작은술+카카오닙 1큰술

참고문헌

김희철, 현대인은 효소를 밥처럼 먹어야 한다, 소금나무, 2009.
나타샤 스타르핀, 김문정 역, 생주스 다이어트 건강법, 아카데미북, 2004.
요시카와 타마미, 김영주 역, 다이어트 날로 먹기, 부광 출판사, 2011.
Ani Phyo, Ani's 15-Day Fat Blast, Da Capo Lifelong Books, 2012.
Carol Alt, Eating in the Raw, Clarkson Potter, 2010.
Cherie Calbom, The Juice Lady's Turbo Diet, Siloam, 2011.
Frederic Patenaude, The Raw Winter Recipe Guide, Amazon Digital Services, Inc., 2011.
Jessica Alba, The Honest Life, Rodale Books, 2013.
Robert Dave Johnston, How to Lose 30 Pounds (Or More) In 30 Days With Juice Fasting, CreateSpace Independent Publishing Platform, 2012.
Ryan E. Taylor, Juicing For Weight Loss, TKC Nevada, Inc., 2014.
Sandra Cabot, The Juice Fasting Bible, Ulysses Press, 2009.
United Authors, Superfood Smoothies and Juices, CreateSpace Independent Publishing Platform, 2014.

주스 클렌즈

초판	1쇄 2014년 11월 1일
	8쇄 2019년 2월 11일

지은이	전주리

발행인	이상언
제작총괄	이정아
사진	Studio Sim 심윤석
	어시스트 허인영
스타일링	아틀리에J 김진영
	어시스트 이화영
디자인	아트퍼블리케이션 고흐
인쇄	웰컴 P&P

발행처	중앙일보플러스(주)
주소	서울특별시 중구 통일로 86 4층
등록	2008년 1월 25일 제2014-000178호
판매	1588-0950
제작	02-6416-3934
홈페이지	www.joongangbooks.co.kr
페이스북	www.facebook.com/hellojbooks

ⓒ 전주리, 2014

ISBN 978-89-278-0589-2 13590

- 이 책은 저작권법에 따라 보호받는 저작물이므로 무단 전재와 무단 복제를 금하며 책 내용의 전부 또는 일부를 이용하려면 반드시 저작권자와 중앙일보플러스(주)의 서면 동의를 받아야 합니다.
- 책값은 뒤표지에 있습니다.
- 잘못된 책은 구입처에서 바꿔 드립니다.

중앙북스는 중앙일보플러스(주)의 단행본 출판 브랜드입니다.